治学有道 育人无痕

翻译学女教授访谈录

陶友兰 覃俐俐——著

文匯出版社

图书在版编目（CIP）数据

治学有道　育人无痕：翻译学女教授访谈录 / 陶友兰，覃俐俐编著 . —上海：文汇出版社，2021.7
ISBN 978-7-5496-3566-5

I. ①治…　II. ①陶…　②覃…　III. ①女性－翻译家－访问记－中国－现代　IV. ① K825.5

中国版本图书馆 CIP 数据核字 (2021) 第 111030 号

治学有道　育人无痕：翻译学女教授访谈录

编　　著　陶友兰　覃俐俐
责任编辑　徐曙蕾
装帧设计　高静芳

出版发行　文匯出版社
上海市威海路755号
(邮政编码200041)

照　　排　南京理工出版信息技术有限公司
印刷装订　上海新文印刷厂
版　　次　2021年7月第1版
印　　次　2021年7月第1次印刷
开　　本　890 × 1240　1/32
字　　数　190千
印　　张　8

ISBN 978-7-5496-3566-5
定　　价　38.00元

序言：译学群芳谱，杏坛巾帼范

众所周知，中国的改革开放是由1978年底举行的中共十一届三中全会拉开的序幕，以深圳等几个经济特区“杀开一条血路”的大胆实践而渐次展开的。四十多年来，古老而多难的中华大地因改革开放而焕发青春，中国人民的勤劳与智慧从来没有像今天这样获得巨大的回报，国家发生的变化真可谓沧海桑田！

改革开放的成功主要靠中国共产党领导层的深谋远略，靠的是我国社会主义制度的优越性，靠的是人民群众的无穷创造力，这些都是毫无疑问的。然而只要我们再往具体处思考，就会发现，我国这几十年的蓬勃发展，离不开一件事，这就是翻译。如同陈望道先生早年翻译《共产党宣言》客观上为中国共产党的成立增添了理论武器，我国改革开放在很大程度上也是以翻译作为开路先锋的。国门打开后，引进外来资金、技术、金融与外贸的新理念，展开各领域的对外交流活动等，都首先需要翻译的铺路搭桥。

大规模、持续性的翻译活动，不仅使中国成为世界上最大的一片翻译热土，而且也催生了与翻译事业相关的翻译研究、翻译人才培养、翻译工具书与翻译教材的编纂与编撰。中国翻译产业的兴盛，翻译院系与专业雨后春笋般的出现，翻译培训机构的层出不穷，各种翻译研讨会与讲习班的彼伏此起，形成了一种罕有的翻译奇观。在这种奇观背后起着主导或支撑作用的又是我国几代翻译学人接续性的学术研究与教学实践。也正是这种翻译实践与探索的大时势，造就了我国一大批优秀的翻译人才、翻译学者与翻译教师，这其中就包括众多成就卓著的女性。她们可以被称为中国当代翻译奇观中的奇葩，因为在世界任何一个国度的翻译研究领域中，未有过在一个时期内涌现出如此众多的女性专家学者。陶友兰与覃俐俐两位教授合编的《治学有道　育人无痕——翻译学女教授访谈录》一书展现的就是她们中间杰出代表的风采。

在中国几千年的封建社会中，诗人，作家，文、史、哲才人代有涌现，可以说是群星灿烂。然而他们几乎都是男性，偶有女性出现于其中，也只如流星一般逝去而鲜有显著印记，虽然这少数的流星有时会被冠以“女才子”“女校书”“扫眉才人”“不栉进士”等雅称，但体现的毕竟是旧时代男女不平等的事实。“妇女能顶半边天”只有在新中国、新社会才能成为现实，而改革开放的大环境更为中国女性，特别是知识女性提供了贡献智慧、展现才华的广阔舞台。

本书是从我国改革开放不同阶段在翻译教学与研究领域里大批成长起来的女专家学者中挑选出有代表性的人物而做成的一部访谈集。可以说，每一个访谈都呈现一段精彩的人物故事，每一段故事又都各具特色，读后足以让人或感动、感奋，或感佩、感叹，或沉思、遐想。书中接受访谈的主人公有的负笈海外，学成归国而投身译学，执教杏坛；有的苦读经年，艰苦备尝而终登讲台，春风化雨；有的几经曲折，多重历练而选择翻译，教书育人；有的嗜书如命，潜心学问而著作等身，名播译苑；有的钟情经典，专注理论而探赜洞微，启迪后生；有的扬己之长，独攻口译而卓然成才，名冠一方；有的双肩承重，学优兼仕而旦晚勤奋，不负众望；有的热爱教学，心无旁骛而教鞭生辉，青衿倾倒；有的治学严谨，道器并重而琢磨译艺，心手两畅……她们的故事因各自所处的情势、机遇、选择等具体因素的不同而各展异彩，因而也是不可复制的。今天更年轻的学者（无论男女）阅读她们绝对不是要，也不可能完全“拷贝”她们的所作所为，而是应当从她们的精彩故事中获取有价值的启迪，汲取有助于自己成长成才的精神力量。依我之见，这批译学女教授的感召力与风范或可进一步概括为：“献身译学、脚踏实地；咬定青山、一径到底；大胆探索、谦逊处世；激情从教、仁心传道；不忘师恩，承继传统；修身重德、垂范学子；家国情怀，渗透人生。”榜样的力量是无穷的，读了她们的故事，我们（包括我本人）都当见贤思齐。

阅读本书不仅让我们见到这批女学者闪光的内心世界，也不时会欣赏到她们脱口而出的金句。其中杨承淑教授的那句话让我印象特别深刻：“选你所爱，爱你所选，才不负此生。”它可以说道出了本书所有女学者之所以学问精进、事业大成背后的根本原因！她的这句话蕴含的不仅是人生追求的一种动力，更是一种令人钦羡的情怀！

本书呈现的是对二十位女学者的访谈，其实本书的两位编著者也完全应列入其中，因为她们的学术与教研成就同样卓尔不凡。对陶友兰教授我了解得更加多一些。她是复旦大学培养的博士，又曾经与我属一个团队，为创建、发展复旦大学翻译专业而共过事。她的好学敬业与不断追求精进的努力成就了她丰硕的学术和教研成就。更难能可贵的是，她努力承继复旦优良的学风与教风，并把这两风带入课堂，融入日常的师生交往交流之中。她策划本书的编撰也很有创意，可谓一石数鸟：既为我国译学界的杰出女学者作宣传，又为广大语言与翻译专业的学生树起鲜活的做学问、度人生的 role models，同时也为当下我国高校极为重视的课程思政提供一种别样的范例。我以为高校课程思政并不是刻意的说教，很大程度上应是润物无声，易于入心入脑的感染或触动。这从本书每一位参与访谈的学生所写的结语中可以得到印证。

陶友兰教授让我为本书写序，给了我一个学习机会。读了这二十篇访谈录与两位编著者的学术与教研简历介绍，使我得到颇多意外的收获。我要向这二十二位女同仁致敬，祝贺她们在献身当代中国翻译教学与研究的事业中取得不凡成就！我也在此衷心祝愿她们在今后的岁月里，学术、教学更上层楼，家庭生活恒久美满幸福！这真是：老夫写序喜敲键，更冀群芳四季春！是为序。

何刚强
止键于上海寓所补拙斋
2021 年 1 月 28 日

目录

前言

改革开放以来，中国与世界联系日益密切，中华文化与世界文明的交流、交锋、交融日趋频繁，我国翻译事业迎来前所未有的发展机遇。随着“一带一路”倡议的实施与深入推进，语言服务的地位与作用日益凸显。如何加强“一带一路”沿线各语种翻译人才培养和储备，是翻译教育领域必须应对的现实挑战和应有的使命担当。

优质师资是翻译教育的质量保证，是决定翻译专业建设成败的关键。目前翻译教育发展的瓶颈就是如何培养合格的翻译教师。培养路径可以“内外兼修”，翻译教师自身不断学习，老教师“传、帮、带”，加上不定期的师资培训和课程学习。在此背景下，复旦大学外文学院开设了一门“翻译教学理论与实践”课，在一定程度上提高同学们对教学的热情、引导他们从教的意向。2020 年春天，受疫情影响，这门课改为线上授课，有博士生、科学学位硕士、翻译硕士和访问学者等选修。为帮助学生理解教育的社会性、心理性和复杂性，我带领他们观看教育主题的电影《蒙娜丽莎的微笑》。20 世纪 50 年代的美国，卫斯理女子大学艺术史女教师凯瑟琳勇于挑战传统和校规，赢得了学生的尊敬和爱戴，被女学生称为“蒙娜丽莎”。看完电影以后，同学们反响非常热烈，于是我想：身边这样优秀的女老师为数不少，为什么不让同学们直接接触她们、了解她们、学习她们，更加深刻地理解翻译教学这个职业以及翻译教师这个身份？

于是，我们开始以真实项目为导向的课程活动——访谈优秀女教授是如何成长的，其目的在于描述教师真实的成长故事，探究优秀教师的成长规律。2020 年 4 月到 9 月，我们实施了以下步骤：(1) 本课程是研究翻译教学的，所选取的受访教师名单主要来自翻译教学类论文文献，由学生自由选择一位自己仰慕敬佩的老师；(2) 授课教师确定访谈维度，包括翻译教学、翻译实践、翻译研究、女性成长四个方面；(3) 授课教师与每位受访教师初步沟通，确认她们是否同意接受学生访谈；(4) 请覃俐俐老师给学生进行访谈专题讲座，并推荐有关访谈技术的书目；(5) 学生收集资料，进行访谈并整理成稿，征求受访教师意见后，经过指导老师几经打磨，逐步完成。

本来只是同学们普通的课程作业，但是当我阅读完同学们的访谈报告之后，被深深地感动了！这些优秀教授展现了新时代翻译研究者的治学风貌，描绘出一幅幅暖心感人的教学画面，呈现曼妙的育人风采和精彩的翻译世界。其中既有阅历丰富、学养深厚的资深教授，虽然身居二线，依旧老当益壮，笔耕不辍；也有儒雅美丽、才华横溢的年轻学者，虽然教务繁忙，仍然妙手著文，著译频出。这些故事呈现出优秀的翻译女教师都“心中有爱，眼里有光”，都与人为善、乐学好教，对翻译具有浓厚的兴趣，对学术执着追求，对学生疼爱有加。她们在教学中不仅传授具体技能，更关注对学生思维方式的训练和人格精神的塑造。这些优秀教师的成长故事，汇聚成一股积极向上的清流，将鼓舞更多年轻学子踏上翻译教育之路，激励更多女翻译教师在职业发展困境中找到精神动力，推动更多人在翻译的学术殿堂里求真、向善、齐美。

本书以翻译学界优秀女教授的成长为主题，以对话的形式揭示她们的治学育人之道。它与常规意义上的学术编著有所不同，主要体现在三个方面：(1) 以“人”为主体。教育是以“人”为中心的活动，本书以访谈这一研究形式将翻译教育中的主体——教师和学生——连接在一起，一方面学生通过访谈问题探索教师的成长历程和心灵世界，另一方面教师的分享也促进学生反思自己的成长，带给他们思想的启迪，带给他们自我成长。(2) 平易的故事风格。本书采用访谈的方法摒弃了冰冷的理论话语，从不同角度自然地展现教授们在翻译、研究、教学三方面不断学习和探索的经历，比学术论文更加真实感人。(3) 具有情景性。朴实的师生对话，让学者们走下被学子和新手教师仰视的神坛，呈现出真实具体的生命状态。这有助于读者在阅读中进入她们的人生场景，引起“共情”，从而激励他们学习和借鉴。

书稿成型之际，首先要把特别的感谢奉献给接受采访的20位教授，是你们的拳拳之心和对学生的关爱，成就了我们的访谈，也特别感激你们无私分享教书育人心得和成功治学之道，于润物无声中影响了正在求学的年轻学子。其次，特别感谢恩师、《上海翻译》主编何刚强教授在百忙之中欣然答应作序。何老师一直很重视翻译师资建设，多次主持召开翻译师资建设专题会议，对翻译师资培养与培训工作提出展望与建议等。他除了身体力行，成为复旦大学学生“我心目中的好老师”，还不断撰文著述，研讨翻译师资资质和师资发展方略，呼吁“翻译教师当自强”！翻译界有如此关心教师成长的长辈，何等幸运！何老师不但认真阅读了每一篇访谈，写了细致的感受，还激情洋溢地总结了这批译学女教授的感召力与风范，让我们备受激励和鼓舞。

此外，还要感谢中央民族大学的覃俐俐副教授。她不但分享了她博士生阶段访谈的经验，给我们同学做“如何访谈”讲座，而且还全程参与了课程学习和对学生的访谈指导，认真编辑和校改每篇报告。覃老师的无私奉献和对教育的热爱也感染着我，一直把这项“意外的成果”进行到底。感谢20位访谈者（16位同学、2位访问学者、2位翻译教育研究者）不厌其烦地修改，和我们一起完成了一次学术成长的愉快旅程。最后，感谢复旦大学外文学院的学术专著资助，让我们的努力以编著形式与读者见面，希望读者喜欢，在收获感动的同时，汲取更多的智慧。感谢文汇出版社接受这本比较“另类”的学术编著，让更多的读者在春风化雨中领略教授们的治学育人之道。

陶友兰

于复旦书馨公寓

2021 年 1 月 18 日

潜心为学，大爱为师

专访澳门大学张美芳教授

受访者简介：张美芳，澳门大学张昆仑书院院长，博士，教授，博士生导师。曾任澳门大学翻译学硕士课程主任，英文系主任。曾在中山大学、香港大学、伦敦米德萨斯大学和剑桥大学任教或访学和研究。主要从事功能途径翻译研究、语篇分析、政治话语及媒体翻译、翻译教学和跨文化交际等方面的研究，发表学术论文几十篇、专著五部。任澳门翻译员联合会主席、中国译协理事、中国译协翻译理论与翻译教学委员会副主席、中国外文局“一带一路”话语体系建设与语言服务委员会委员、亚太翻译论坛联合委员会执行委员会委员、国际翻译期刊 *Babel* 联合主编，*Target*、*Perspectives*、《中国翻译》等期刊的编委。

采访人：张佳霖，复旦大学外文学院 2019 级英语笔译专业研究生

（一）因为热爱，译教并乐

张佳霖（以下简称“霖”）：张老师好！陶老师说过请您前来复旦讲学交流的情景。讲座结束后，您还在飞机上修改暑期班学生提交的论文。这件事令我非常感动，您对待每一个向您请教的学生都很热心。请问您为什么对学生这么好，这样热爱教师这个职业呢？

张美芳（以下简称“张”）：首先，我也曾经是学生，在学期间得到过很多老师的帮助和指导，才慢慢成长为大学教授的。我对曾经帮助过我、影响过我的老师都心存感激。我当了大学老师之后，就立志向前辈学习，尽我所能去培养后辈。

霖：您是从什么时候喜欢上翻译教学的？翻译教学和教学翻译有什么不同？

张：我是当了很多年的英语教师之后才慢慢转为教翻译课的。一般说来，英语课里面都会有一些翻译练习，其目的是检验学生对英语掌握的程度，通过翻译练习，让学生对另一种语言的句子结构、意思等有更深的了解。而翻译教学则视翻译为一门专业，其目的是要培养适应各种领域双语交际的翻译人才，两者是不一样的。不过，英语教学中的教学翻译也为我日后的翻译教学和研究打下了基础。

霖：您什么时候开始研究翻译的呢？

张：我真正与翻译研究结缘，是从我在香港读博开始。最初我希望攻读英国文学研究方面的博士，因为 80 年代初，我曾在香港大学进修一年，进修的课程包括英国现代文学和文学翻译。在港大时遇上了我的好导师黎翠珍教授。在我计划到香港读博时，黎教授已经从香港大学去了浸会大学开拓翻译课程，在浸大担任英文系主任，后来又担任了院长的职务。可以说，我是追随黎教授而选择了香港浸会大学，师从黎教授和周兆祥博士做博士项目研究。周博士是从英国爱丁堡大学毕业的博士，他研究的是翻译教学法，出版了好几本翻译专著。于是我的研究兴趣也从文学转为与翻译教学相关的研究。从那时候开始，我就跟翻译研究结下了不解之缘，博士毕业以后也就顺理成章地做翻译教学和翻译研究了。

霖：您一毕业就到澳门大学工作吗？

张：1999 年我博士毕业后回到中山大学，2003 年初加盟澳门大学。我受聘到澳门大学的主要任务是开拓翻译教学和研究领域。因此，我带领翻译学团队创办了翻译研究生学位课程，包括中英和中葡三种工作语言，后来又创办了本科生的翻译辅修学位课程，还在语言学和文学博士课程（博士点）下面分别设立了翻译研究方向。我目前的主要工作是在书院，同时还兼任英文系教授，继续指导翻译研究的博士生。

霖：您在过去几十年做过很多翻译实践，积累了大量经验。请问您是如何将翻译实践经验转化为翻译教学能力的呢？

张：做翻译研究和教学，教师如果一点翻译经验都没有的话，底气是不足的。我自己天生对语言比较感兴趣，同时对翻译感兴趣。在中山大学任教时，大概是在 80 年代初，香港的出版商曾带了一大批书找我们外语系的老师合作翻译。我当时参与了好几个翻译项目，其中有一个项目是翻译方保罗（Paul Fonoroff）编写的《图说香港电影史》。这本书是香港三联书店委托我翻译的，拿到翻译项目时我就觉得很兴奋，一进入翻译工作里我就很陶醉，翻译起来废寝忘食。我觉得这是一种天然爱好使然。我还翻译过两本由香港博益出版有限公司委托的书，其中一本的英文书名是 *An Instant Millionaire*，我把书名直译成《即时百万富翁》，可是出版商不满意，改成了《致富学一日通》。另一本书名是 *Swim with the Sharks without Being Eaten*，我直译为《与鲨鱼游泳》，出版商将其改为《商海求胜秘笈》。我后来明白了，在改革开放初期，大家都对西方的商业模式感兴趣，都希望学习如何致富，出版商就是摸准了目标读者的关注点，把书名编辑成读者感兴趣的类型。这是我第一次感觉到翻译要和读者以及市场联系起来。在积累了不少翻译实践的经验之后，再去做翻译研究和翻译教学，这就自然得多了。如果没有原来的翻译实践，只是捧着别人翻译的例子来讲，等于纸上谈兵。所以我觉得，要先有大量的翻译实践经验，再去做翻译研究；做了翻译研究，翻译教学自然也得心应手了。

霖：的确如此。要先做大量的翻译实践，有实践的支撑才有底气去做研究，搞好教学。在您开设的课程中，我注意到有一门是“媒体翻译”，您能分享一下是如何教授这门课程的吗？

张：“媒体翻译”这门课我教了好多年。一开始教授这门课，其实是源自需求。因为媒体翻译涉及的面很多，包括新闻翻译、公示语翻译、广告翻译、影视翻译，甚至是菜名的翻译都可以归属于媒体翻译的范畴。来到澳门大学之后几年，我有两三个项目都是跟媒体翻译有关。第一个项目叫作“Languages of Public Notices in Macao”，当时要求公示语要涉及三种语言。我有一个助手，他会葡语。我自己负责中文和英语，专门研究公示语。我来澳门之前，在中山大学有一个项目就是研究广州的公示语，那是为了迎接2008年的奥运会，净化城市的英语。当时那个项目很大，是和同事合作的，但是项目还没开始，我就来了澳门大学，所以就把这个项目的概念带到了澳门，把澳门作为我主要研究的对象，这是第一个项目。

第二个项目我就把它拓宽为不同的文本类型，用了凯瑟琳娜·莱斯（Katharina Reiss）的文本类型学理论，项目名称是“Text Types, Text Functions and Translation Strategies”(《文本类型、文本功能、翻译策略》)。这个项目跟我的教学是息息相关的，不同的文本类型自然带有不同的文本功能，例如诗歌言情表志，报告传递信息，翻译的过程中自然也涉及不同的策略了。第三个项目，我就专门做“Translation for the Media”，这是个跨年度的大项目。我带领的不少硕士生、博士生都在项目中担任研究助理，收集了大量的资料，因此我教“媒体翻译”这门课时资料就十分充足。我会精选一些资料，用莱斯的文本类型理论、目的论来分析讨论译例，也会引入媒体学的理论来分析文本，让学生进一步认识到媒体文本的特征及其翻译策略。

（二）身体力行，身正为范

霖：我了解到，您和学生相处得很融洽，亦师亦友（课堂上是师生，课堂下是朋友）。教师学生之间的良性互动无疑对教学起到助推作用。请问您对翻译女教师或者是有志从事翻译教学的女性有什么建议或者期待呢?

张：作为老师，首先你得要有人格魅力。所谓人格魅力就是说你的品行起码能够给学生做一个 Role Model（楷模），然后你的业务要精通，对工作要兢兢业业，对学生要有发自内心的关怀。其实在我们的生活中是不缺这样的女教师的。在我心目中，我的老师黎翠珍教授就是这样的人，我的师姐张佩瑶教授生前也是很多学生敬佩的老师。国内的女教师队伍里面优秀的人很多，我就不一一举例了。如果大批这样优秀的女教师在翻译队伍里面，就会自然而然地影响到下一代，代代相传。

霖：就是说，如果一个人有志从事翻译教学，第一步除了塑造自己，加强职业修养和道德修养之外，最好确定一个积极的楷模，然后朝着目标不断地去努力，是吗?

张：我觉得有一个 Role Model 是很重要的，我们每一个人成长过程中有很多 Role Model。比如说小时候我爸爸是我的 Role Model，因为他有知识，很温和，宽厚待人，做事有条不紊。我妈妈对我比较严格，她在努力工作方面也是我的 Role Model。上了学之后我遇到不同的老师，我把他们作为我的楷模。当我踏上了翻译道路之后，唐闻生老师是我的偶像，到现在我和唐闻生老师还保持着联系。我是晚辈，她是前辈，对她特别尊崇。我觉得有 Role Model 是好事，当然形象必须是正面的。

霖：是的，这就是楷模的力量，激励我们成为更好的自己。除此之外，您觉得翻译行业女性面临的挑战是什么？比如说要处理好家庭与事业的关系，大后方稳定才能在行业大施拳脚，大有作为。您是如何应对的，有什么好的建议吗？

张：女性面对的挑战肯定是有的，但是我觉得，现在的女性很优秀，最大的压力和挑战不一定来自社会或行业，更多的是在处理个人的生活上。因为每一个女性，如果按照自然规律的话，都是要结婚生孩子的。男性结了婚，有个孩子，遇到的压力可能就不如女性大。因此，怎样处理家庭和事业的关系，怎样在小孩幼年时，去平衡各方面的关系，而且同时兼顾扮演好几个角色，这是女性会遇到的比男性要多的压力和困难。我读博的时候，合理安排时间，星期一到星期五专心在学校做研究，星期五晚上回广州。我父亲帮我照顾女儿，那段时间我先生经常出差，女儿还在读小学，我一定要回去看看他们。星期天晚上又返回香港，新的一周开始，又是把所有的精力和时间都放在学业上面。周而复始。回头看，这也是一种自我管理、自我调剂，在这个过程中我慢慢养成了一个习惯，就是在处理某件事的时候，我就专心处理那件事，尽量把事情做好。心态要比较宽容、包容，是处理好跟家里人关系的一个重要的条件，不要觉得作为一个学者教授，你就必须很强势。强势应该体现在你的柔性方面。我们看到水很柔，但是水很强大，能做很多事情。有一些女性能量很大，但并不是非常硬邦邦的那种强势，而是柔中带刚，刚中带柔。这些都是平衡的例子。建议归建议，每个人情况是不一样的，我希望每一个女教师都能够处理好家庭与事业的关系。其实从整体来看，能够走出来让大家认可的这些翻译界的女教授们，大都有一个幸福的家庭。这个问题我们曾经闲聊过，翻译界夫妇和谐幸福的很多，背后的原因是什么呢？不知道。我们时有听闻，在别的行业，某些女教师、女教授离婚了，但在我们翻译界，国内数得出来的优秀女教师们都有非常美满的婚姻，跟丈夫都非常恩爱。比如已退休的陈宏薇教授，还有像刘和平教授、穆雷教授、陶友兰教授，等等，她们都把家庭和事业平衡得很好。我们做事业不是把百分之百的时间都摆在事业上面，处理得当、保持平衡很重要。

（三）关注港澳，面向国际

霖：我了解到您是 90 年代在香港获得的博士学位，现在在澳门大学任教。想请问一下您的亲身经历，感受到当时港澳和内地在翻译教学模式上有何差异呢?

张：整个大环境是不同的。尤其是在 90 年代，内地的情况跟现在有很大的差异。以前无论是翻译教学还是外语教学，都是要严格地采用一两本指定的教材，外语教学尤其如此。当时我们翻译教学全国使用的统一教材，就是张培基等编著的《英汉翻译教程》，一本教材用到底，一门课一学期不换教材。香港很不相同，他们多用一些真实的材料。香港是一个中英双语社会，无论是政府的公文或会议公告，还是法庭审案，甚至是老百姓居住小区的停水停电通知，都是用中英双语，因此他们可用的资料很多，绝对没有一本教材教到底的现象。现在内地的翻译教学参考书多了，翻译理论也丰富了，一本教材用到底的情况比较少了，老师们可以轻易地从不同的途径寻找相关的材料来支撑翻译教学，让学生从中学到更多的知识和技巧。

霖：随着港澳与内地交流日益密切，内地翻译活动也从港澳先例中获益良多。您能具体谈谈港澳与内地是如何携手合作，共同促进翻译行业、翻译教学事业发展的吗?

张：现在港澳与内地差异越来越小，在我读博的 90 年代中，内地在教材方面确实不那么开放，都是选用现有的一些固定教材，老师队伍也是参差不齐。现在教师队伍里面有博士学位的老师越来越多，他们中很多人也经历过中西方文化、理论的洗礼，见识广了很多，能力也强了很多。现在香港也经历了从高峰到慢慢走向低潮的时期。90年代中应该是香港翻译最高峰的时候，因为要准备 1997 年回归，回归之前需要大量的翻译，所以 80 年代中到 90 年代末是他们的黄金时期，各个学校开办的翻译课程如雨后春笋，培养了大批高层次的翻译人才，那个时候应该说香港的中英翻译是全世界最强的地方。不过，如果你现在去考察一下香港各个学校，年资较深的教师一个个退休了，政府对翻译学科的支持也逐渐减弱了。我把三个资深的教授从香港拉来澳门大学，他们是何元建教授、李德凤教授、孙艺风教授。何元建教授当时是从香港中文大学退休后过来的，现在已经从我们这里第二次退休了；李德凤教授、孙艺风教授分别从英国和香港地区来澳门大学，后来还有徐敏慧老师的加盟，因此，澳门大学就翻译的师资力量而言，还算是比较充足强大的。大中华地区翻译教师的队伍永远是缺人的，这足以说明翻译的市场仍然比较旺盛。我觉得港澳和内地现在融合越来越紧密，差异也越来越小了，内地很多老师例如陶友兰老师，都去国外进修访学，跟外面进行交流，国外的教授学者也乐意到我国访问或任教。随着这种交流越来越多，差异也就越来越小了。

霖：是啊，差异越来越小了，内地最近翻译发展势头良好。我之前在阅读您的采访中，您曾说过“翻译跨界融合是大势所趋，译者需要拥有国际视野”。请问您是如何结合自身的翻译实践讲好中国故事，传播中国声音的呢？

张：在翻译的过程中跟别人交往，你会不经意地去传播中国的故事。首先你的三观要正确。因为我们除了翻译材料和文献，还会经常跟外面的人打交道，口头上表述还是蛮多的。所以首先你本人的三观要正确，起码遇到一些敏感话题的时候，要站在维护国家的立场。如果翻译的话，就要根据目标读者的接受习惯来调整翻译策略。如果为了忠实原文而逐字逐句地进行翻译，这样翻译出去，人家是不爱看的。肯定是要糅合，很多时候要进行编译，用别人熟悉的语言来讲好中国的故事，这样才使得你讲的故事更生动，别人更爱听，这样才可以把中国的声音传出去。否则翻译放在那里就是一本书一叠纸，而不是一个个跃然纸上的故事。所以我认为针对不同的目标读者，要用不同的翻译策略，要用生动活泼的语言，这是很重要的。当然，在翻译中具体的问题还得要具体分析，采取不同的翻译策略和方法，才能把中国故事诠释好。

霖：的确如此，要站在目的语读者的角度考虑一下他们会喜欢什么样的故事，采用合适的翻译策略更加有利于传播和交流。非常感谢张老师，和您的交流令我受益匪浅，让我明白了优秀的翻译女教师不是一朝一夕炼成的，而是在不断学习中成长，成为更完善的自我。片言之赐，皆是师也，再次感谢您的谆谆教诲。

访谈后记

采访了张老师以后，我顿悟了“听君一席言，胜读十年书”的内涵。张老师学识渊博，谦虚低调，娓娓道来许多翻译故事、人生经验以及她对翻译行业的独到见解，都使我受益良多。张老师不但帮助学生树立正确的人生观、价值观，而且关注他们的心理状况，包括解答学生在生活中遇到的疑惑，给他们一些建议，为他们指引人生的方向。更让我难以忘怀的是，张老师平易近人，循循善诱，激励尚在学途之中踯躅而行的我，朝着梦想不断努力奋斗。张老师的智言慧语，启迪了每一个热爱英语、热爱翻译的心灵，帮助学生成为更优秀的自己。

译者达智，学者自强

专访国防科技大学杨晓荣教授

受访者简介：杨晓荣，国防科技大学国际关系学院教授，中国英汉语比较研究会常务理事，中国翻译协会南京翻译家协会理事，江苏省外国文学学会会员。曾任《外语研究》主编。致力于翻译批评理论和汉英翻译原理研究，代表性专著有《小说翻译中的异域文化特色问题》《翻译批评导论》，代表性译著有《启与魅：卡森·麦卡勒斯自传》等四部，主编《汉英翻译基础教程》，在《中国翻译》《上海翻译》等期刊发表论文二十余篇。

采访人：徐效军，复旦大学外文学院翻译研究方向 2019 级博士生

（一）翻译：如走钢丝，如照明镜

徐效军（以下简称“徐”）：您在《启与魅：卡森·麦卡勒斯自传》“译后记”中，提到这本书特别是“二战书信选”部分的语言非常有特色，堪称挑战。您在翻译时是怎样表现这些特色，特别是男、女语言习惯差异的？

杨晓荣（以下简称“杨”）：我希望能考虑到男、女语言的一些特色，但我感觉很难抓。我有意识地做了些区别，比如个别用词习惯上，男的比较简洁直接，女的可能是比较绕、比较软；女的语气词多些，男的少些。这些方面尽量让他们有点区别，但我翻译下来觉得还是挺难做到的。

每个人的说话特点都不太一样，不仅是男性或女性有差别。我们平时接触人，每个人说话口气可能都不一样，语气轻重、选词造句、停顿节奏等都有自己的特点，这样两个人在一起说话，你才能听出谁是谁。翻译时做区分是很不容易的，因为译者本人也有自己的语言特点。如果不注意这一点，很多翻译就会出现一种现象，就是同一个人翻译不同作家的作品，最后口气都差不多，也就是译者风格盖过了作者的风格。比较敏锐的译者，这方面意识比较强的译者，应该有意识地体现不同作者的不同语气，也就是不同的风格，而不是让自己的风格压过这些。如果缺乏这种意识，他就很容易出现这个现象。

徐：说到风格问题，在处理自己的翻译风格与原著的写作风格时，您有什么经验？

杨：首先，我不应该主导作者的风格。我刚才说了，译者风格不能压倒作者风格。还有，你能不能做到不压倒这个风格，有时还不取决于译者本人。有时译者无意当中很容易把原作者压回去，所以译者应该有这种意识，注意体现原作者风格，要钻进去，钻到脑子里去，首先得摸清作者到底想说什么，作者脑子里想的是什么、自我感觉是什么，然后再想办法表现出来。在表现过程中，肯定有一些自己的平衡在里面，难免把自己的东西带进去。

徐：您这部译作里边加了一些注解，有的一页有七个。对于翻译中添加译注，您有什么原则？

杨：加注是一个单独的问题，不同的原著加注的原则应该不一样。首先，这本书属于什么类型，比如，它是不是小说？如果是小说，那是供研究用的小说，还是供小孩看的小说？越是大众化的作品，越应该少注，这是很多翻译教材经常讲到的一点。大众化作品，有时通过行文就把该注解的内容放进去了，不要让读者因为看注释而打断他的整体阅读。

我最近几年译的几本书还不是这一类。像卡森·麦卡勒斯，她本人就是作家，是位女作家，而且是比较敏锐的女作家，所以翻译她的东西，要让人看出来是作家在写她自己，注释不应该太多。太多的话，等于打断了女作家自己的语流，让读者感觉她的思维一跳一跳的，这样不太好。当然，自传毕竟不是小说，而是一种资料性的东西，必要的注解还是需要的，你不能给读者留着疑问。要是读者看到这里读不懂，他要去找答案，这是不应该的，就是译者失职，所以注释还是要加的，只是要加多少的问题。

徐：在翻译这几部作品过程中，您有什么样的收获或体会？

杨：每本书都不一样。《启与魅：卡森·麦卡勒斯自传》译完后，接着译的是《索尔·贝娄书信集》，感觉不同，因为面对不一样的人。这就是译者的特点，所面对的作者往往不一样。

对于卡森·麦卡勒斯，我在后记里好像也提到一点，就是文学界有些人对她不“感冒”、不喜欢，觉得她虚荣心比较强。还有，她个人生活上的一些事，用现在流行的话来说有点“作”，也让人不喜欢。

我甚至还在网上看到，有位译过麦卡勒斯一部小说的女孩子，说自己烦死了，特别不喜欢这个人。你看，译者跟作者之间竟然还有这种关系。

面对不同作者，译者的感觉不一样。我译《索尔·贝娄书信集》时感觉就完全不同，索尔·贝娄的成就比卡森·麦卡勒斯高，两个人视野也不一样，索尔·贝娄的比较宽广些。还有，书信是比较私人化的东西，译到后面我也看得出来他的一点小心思。总体看，这人不让人觉得特别烦，的确比较有近乎大师的风范。从译者角度看，我对他比较崇敬。

翻译确实非常神奇。大家都知道“文学是人学”，研究文学实际上就是琢磨“人”，但对“人”琢磨得最深的，恐怕还是翻译。在翻译过程中，你比任何读者看得都仔细，得了解清楚作者究竟在说什么、想说什么，要前前后后摸索这些事，所以对“人”的了解应该是最深、最透彻的。

（二）研究：贯通道理，尊重规律

徐：从研究方法论的角度来说，您认为应该如何保证翻译教学研究的质量？

杨：研究质量如何往往不在题目本身。我在《外语研究》做了一些年的主编，看过很多教学研究类文章，好像主要不是题材本身的问题。有些作者可能关注到那个问题，但是并没有谈好、写好。

理论思维比较强的人，也就比较会写文章，他们会从很小的问题入手，挖得很深，把问题想得很通，里里外外全部想透彻，这是一种论辩的过程。我们过去曾经用过一种办法，就是两个人坐下来，我谈我的想法，你给我提批判性的问题，给我挑毛病，在交谈中开拓，这样越谈越深，能深入问题的核心。这是一种有效的办法。

另外，就是多读文章、多琢磨。自己一定要去琢磨：这件事为什么是这样？大家都这样说，是不是这么回事？哪里有问题？是什么问题？有什么漏洞？没有人质疑你的话，你就自己质疑自己，看自己能不能把道理讲通。或者，面对一位什么都不懂的读者，看能不能让他基本上明白我做的是什么。也就是说，你可以找一个水平比你高的，也可以找水平比你低的，甚至去找一个外行，跟他解释你现在干的是什么，从头到尾能不能说清楚，让他明白你在做什么。这也是一种有效的办法。

学术研究是常识和创见的有机结合。如果出了问题，要么是常识方面的，比如谈纽马克的翻译理论，却没读过他的代表作；要么是创见方面的，比如重复研究、研究方法不合理等。除此之外，就是一些技术性问题、语言基本功问题以及非学术问题等。

另外，我反对用些与学术毫不相干的装饰，比如，没有必要的图表、英文原文、头衔等。

徐：在研究当中，有的人会“追热点”。比如研究诺贝尔文学奖作品的翻译和译者。您怎么评价这些现象？您如何处理热点论题与经典论题之间的关系？

杨：这个问题比较复杂。我很不喜欢“追热点”。我觉得出版界追热点是可以理解的，他们是在考虑受众的关注点，考虑市场效益，那是出版界的事。我觉得学术界对热点还是悠着点好，因为学术发展有自身的规律，什么时候会自然形成什么热点。学术研究虽然要跟外界有些关系，要适当地关注当下，但是不能让它主导学术活动。

如果被主导，那很可悲。为什么呢？因为如果自己没有一些基础，没有坚实的后盾，只是“追热点”，追到后来就总会发现自己又晚了，永远追不上，而且会给你心理打击，你会受到心理挫败。说了半天，其实不过是为稻粱谋，饭是有得吃了，但并不是在搞学术。当然了，从比较宽容的角度讲，我觉得为稻粱谋也可以理解。但如果说到学术，咱们就讨论学术，如果为稻粱谋，就是另外一码事。

（三）育才：理实相倚，分层施教

徐：您培养了很多硕士博士。在这个过程中，您怎样培养研究生的问题意识、批判思维？

杨：讨论就是了。研究生之间能够讨论起来，其实挺不容易的。据我观察，有些研究生尤其是女孩子好像不大敢说话。不敢说话，就讨论不起来。所以要讨论的话，必须敢说话。还有就是平等意识。什么叫平等意识？就是对于你说的，我平等地看，有问题我照样提；对我说的，你也要平等地看，你听听我的观点。所以讨论是个好办法，可以互相启发，能讨论起来，很多问题自然就解决了。

讨论之前我会让学生去看一看资料。看完以后，讨论什么内容就有依据，总不能坐在那信口开河是不是？讨论一般是开放式的，如果讨论要得出什么结论的话，实际上有很多东西教科书上早就有了。讨论主要是为了开拓思维。

徐：讨论中理论问题居多，还是实践问题居多？您在教学中怎么处理这两者关系？

杨：我很想说一下关于理论和实践的关系问题。人们多少有些人为地、有意识地把理论和实践分割开来了，实际上我觉得比较准确的说法应该是理论当中有实践、实践当中有理论，这两者是糅合在一起的，不可能完全分得很清楚。

理论可以开拓思路、打开眼界，就像做“思想体操”一样。我今天跟谁谈了一番话，虽然没什么结果，但是我很高兴，思维锻炼了一下。如果一个人理论思维比较强，能够抓到理论真谛的话，最起码他在跟别人讨论问题的时候，会有一种多元的思维，也就是说，他可以听得进去别人的意见。

翻译理论本身是上挂下联的。我经常跟人讲，翻译这门学科很有意思，上接天、下着地。它可以非常抽象，也可以非常具体，这门学科的魅力就在这里。它可以上到无限、下到非常实在的地方，涉及面太广、范围太广，只要在翻译学范围内，我觉得都能跟实践拉上关系。

我最近在做译稿的审校，审校中发现有的译者非常看重译写。译写这种做法有点编译的性质，跟原文距离比较远，它就是把原文大意说出来了。翻译理论性的作品，用译写的方式行不行？他认为行，觉得他抓住了作品的精神实质。但是，每个人对精神实质的理解不一样，我认为，译写用在理论性作品上要慎之又慎，要尽量往原文靠，把思考的余地留给读者。也就是说，这个地方的精神实质究竟是什么，我有我自己的理解，我留下三分余地，让读者自己去拿主意，我只告诉读者原作者是怎么说的。我承担一部分责任，给读者留一部分责任。赞成译写的译者，好像要把所有工作都承担起来，我跟他说这是不应该的。

这涉及各人对语言的理解以及语言的表层形式问题，涉及语言跟思维的关系。语言形式跟精神实质之间距离究竟有多大，是单向的，还是多向的？这涉及理论问题，涉及语言观的问题。

原创者是以什么样的分寸说出精神实质的，是有意识地留了三分，还是直截了当地说出来？他原来就留了三分，你非要把这三分说出来，那就不好。但是，译者认为他有这个责任，这就是对译者责任的理解问题了。

还有，语言跟思维的关系问题。语言学中很多东西听起来很玄乎，实际上都很有道理。现在社会上常用的那些引语，有的用滥了。比如说有一句经常被人引用的话，叫作“一千个读者就有一千个哈姆雷特”。可是如果有人当着我的面引用这句话，我就特别想追加一句：他们毕竟都是哈姆雷特，不是李尔王；就算是两千个哈姆雷特，他也是哈姆雷特。这就是不确定性当中的确定性问题。你说这句话强调的是不确定性，但我说它也强调了确定性。那么，不确定性跟确定性是什么关系呢？为什么那句话被人引用这么多呢？他只不过想说：我们应该用多元的角度去看问题，不要把问题看“死”了。他引用哪句话，跟他的目的直接相关。我之所以想在他们后面追加那么一句，是希望他们不要从一个极端跳到另一个极端。

这个问题算是抽象还是具体？它既抽象又具体。要把道理讲通的话，会涉及非常抽象的理论问题，甚至哲学问题，但是他说的现象又是这么具体。

徐：如果从理论与实践的关系出发，您在教学中是怎样培养本科生、硕博生的理论素养的？

杨：要具体问题具体分析。面对的是本科生、硕士生还是博士生，讲的深浅程度应该不一样。同一个问题，对本科生可能讲技巧、介绍技巧，可以告诉他，在这种情况下可用的技巧大概有哪些。他是刚入门，还不知道，所以技巧性的多介绍一些。如果学生有疑问为什么要用这个技巧而不用那个技巧，那可以跟他讲一下道理。他明白了就行了，适可而止。

到硕士生阶段可以想得深一点。比如我刚才讲的道理，那是谁说的话，硕士生应该知道。为什么同一个翻译现象，我用这个技巧不用那个技巧，是按照什么道理来的？在现成的理论当中，我这里用的是哪一个理论？在面对这个翻译理论问题时，都有哪些人提供了哪些不一样的、可以供我们选择的理论？这一点，硕士生要知道。所以，到硕士生阶段，应该知道这个理论是谁的。

到博士生阶段又不一样。如果还是这个问题，就是同一个现象为什么用不同的技巧？为什么可以用这个技巧、不能用那个技巧？除了知道要用什么理论解决什么问题外，还得说得清为什么。另外，不同技巧所遵循的不同理论来源在哪里？为什么会产生这些来源？如果我觉得这些人都不对，我有一套自己的理论来处理这个问题，可不可以？还可以搞一些比较抽象的。比如说他们不同的处理方式反映了什么问题？他们的社会观是不是有区别？他们的语言观是不是有区别？这是博士生要考虑的。

所以，同一个问题，本科生、硕士生、博士生需要了解的层次不一样，考虑问题的深度应该也不一样。

（四）女性：各骋所长，修己安人

徐：您觉得女性身份对您作为翻译教师的成长有何影响？

杨：这个事我倒是可以说两句。首先，我对女性研究表示理解，但我本人不太关注这些。工作当中、学习当中确实碰到一些问题，我有自己的想法。举个例子：二十多年前，我看到一本学术专著的后记里面，作者特别强调自己是女性，意思是说她把这本书写出来很不容易。我特别反感这个做法。

我觉得，既然选择了学术，就没有任何理由抱怨。你觉得因为自己个子太小，在人群里看不见别人，所以觉得自己很不容易。有这样抱怨的吗？没那个必要。每个人都有自己的困难，你就特别强调这一点，实际上体现了弱者心态。当然，说是体现了弱者心态，刻薄了点。你老说这个，是不是从心里边想让人照顾你呢？如果你不想让别人同情，也不想让谁照顾，那说这干什么呢？所以我觉得没这个必要。

另一方面，不管是男性还是女性，他做的工作都有自己的一些特点。比如，女性可能细腻感性、亲切柔和，体现在语言上会有些特征。在体会原作者各种思想感情时，可能会体会得更深些、更多些，这是女性的优势。但是，可能也有些劣势，比如宏观性的东西照顾不到，这都是很自然的。不过也可以找出很多相反的例子，也有女学者做起学问来纵横捭阖、六路贯通，是女中豪杰。同时，有些男学者做学问也会心细如发、感性充沛。所有这些，不能一概而论，你觉得发挥了自己的优势、特长就可以了。

徐：您认为一个优秀的翻译教师应该具有怎样的品质?

杨：我相信，如果一个人素质不错，不管干什么都会干得很好。他不管是搞翻译、做学问还是干其他的，肯定都能干好，这不一定是只属于翻译老师的品质。

徐：非常感谢您，杨老师！您就是我们心目中的优秀老师！

访谈后记

这次采访是新冠肺炎疫情期间以电话采访的形式进行的，未能得见杨老师真容，但在梳理材料的过程中仍然能深刻地体会到杨老师在学术与人格上的魅力。杨老师对翻译理论和女性教师身份的观点使人受益匪浅，她对生活、工作和学术研究中一些现象的洞察与思考令人折服，表现出一代翻译学人的睿智。这次访谈，让我对翻译实践、翻译研究有了新的思考。在翻译实践中，我们需要“琢磨”——既要琢磨作品，也要琢磨作者；对翻译研究而言，既要将常识和创见结合起来，又要有“咬定青山不放松”的精神；男性也好，女性也罢，各有所长，不必以性别论英雄。杨老师在博客中说：“好作家必然是思想家。”我想，好翻译教师也必然是思想家。

格局引领成长，爱心铸就名师

专访北京语言大学刘和平教授①

受访者简介：刘和平，北京语言大学教授，曾任北京语言大学高级翻译学院院长。巴黎高等翻译学校翻译学博士，获得法兰西教育部授予的教育棕榈骑士勋章。现任中国翻译协会理事、中国译协口译委员会副主任、中国译协翻译理论与教学委员会委员、对外传播法语委员会副主任委员、《中国翻译》和《巴别塔》(*Babel*) 等期刊编委。曾荣获“北京市教学名师”“北京市师德榜样”等荣誉称号。出版专著《口译技巧——思维科学与口译推理教学法》、译著《法国释意派口笔译理论》，发表学术论文多篇。研究方向为口笔译实践、翻译教学、翻译理论和中法跨文化研究。教授的主要课程包括“翻译理论与实务”“汉法同声传译”“汉法交替传译”“口译方法论”等。

采访人：覃俐俐，翻译学博士，中央民族大学外国语学院翻译系副教授

① 【基金项目】本文系北京市社会科学基金项目“改革开放四十年北京高校翻译教育发展研究”（项目号18YYB007）阶段性研究成果。

（一）研究型教师：从“不会读书”到“培养学生批判性思维”

覃俐俐（以下简称“覃”）：刘老师，非常感谢您接受采访。我一直希望能够有机会深度地了解您的教师职业发展之路。1988年您在非洲的翻译工作结束，达到了提高翻译能力、服务翻译教学的初衷，本应该回北京语言大学（下文简称“北语”）安稳教书，却产生了去巴黎高等翻译学校（下文简称“巴黎高翻”）学习的想法。为什么您会在此时产生这一想法？

刘和平（以下简称“刘”）：第一个原因是我在北语上大学的时候没有系统地接受过翻译培训。那时的翻译课并不像现在这样职业化、专业化。当时每周都学会了一些表达方法，但是对于何时能成为翻译工作者，我一直没有信心。在北语读大学的时候，我的几个翻译老师都非常牛，有的翻译巴尔扎克，有的翻译其他著名作家的小说。我就想，我自己什么时候能像老师一样去翻译我所喜欢的作品？去巴黎高翻，我是想继续提高翻译水平，同时也想好好看看巴黎高翻是怎么培养出高质量人才的。当时我虽然提高了口译水平，但是由于没有接受过系统化的翻译培训，我对翻译实践的认识还是比较凌乱的。我对怎样才能够比较系统、专业地教学一直很纠结，所以就想找机会出去继续学习。

巴黎高翻是我仰慕的学校。我还是大学生的时候就早有耳闻，知道巴黎高翻是联合国承认的五所院校之一，他们培养的学生质量非常高。在我心目中，能够培养高质量的学生，一定有一套教学体系。我非常想去系统地看看那些大师是怎么教翻译的。我想这样学完之后，对胜任教师的工作应该会心里有点底，要不然总觉得没有把握。

第二个原因，我当时也读过塞莱斯科维奇教授（Danica Seleskovitch,

1921—2001）的一些文章。当时北语有一位老师叫孙慧双，他翻译了塞莱斯科维奇的书，我读时感觉里边有很多内容我看不太明白。我就问孙老师：您说我去巴黎高翻学习好不好？他说太好了，你若有机会去，就一定要抓住机会。就这样，通过阅读塞莱斯科维奇最早的几部作品，知道她是一位口译经验如此丰富的大师，就特别想在她的指导下学习翻译，做些思考。此外，如果学成回国后，能够在课堂上使用一种全新的教学法，也可以让我的学生少走我曾走过的弯路。

覃：您带着明确的目标去巴黎高翻学习，那么您在硕士学习阶段都碰到了什么困难？

刘：当时在国外进修一般只做旁听生，不能注册学位，但我觉得，如果在那儿就这么待一年，天天去听个课，会没有任何压力。“人没压力轻飘飘，井没压力不喷油”，这是大庆石油工人、铁人王进喜的名言。我觉得如果读个学位的话，学习动力就会很大，所以我坚持注册了学位，逼迫自己不至于天天东逛西逛着买点便宜的东西，而是老老实实、认认真真地学习。实际上真正上课时间就八个月。在这八个月我读了二十多本书，写了十一份阅读报告。法国经常放假，人家放假，我读书学习，这八个月读完了，我真的是快累得吐血的那种感觉。可我觉得这八个月成为这一辈子效率最高的八个月。

学习期间的第一个困难是，开学之初导师让我写一个研究计划。我当时就懵了，因为没想好研究什么。在北大一个教授的帮助下，我三天几乎没怎么睡觉，写了一个研究计划，但很不成形，我自己也不知道具体要研究什么，当时只有一个目标是清楚的，就是研究教学。

覃：我了解到，您在巴黎读硕士阶段，碰到的另一个困难是“不会读书”，并因此和同学一道受到塞莱斯科维奇教授的批评。当时您觉得“作为一名大学老师，我感到羞愧”。请问，“作为大学老师的羞愧”与“作为硕士生的羞愧”有何不同？

刘：当时我确确实实就是以大学老师的身份出国进修的。老师批评同学们写的第一篇阅读报告，因为里面只是陈述上一周读了什么书，包括第一章讲什么，第二章讲什么，是在还原看过的信息。巴黎高翻的要求不是这样的。老师说，你们不用跟我讲读了什么，告诉我在这本书里面你们对什么最感兴趣！你们的问题是什么！所以第一堂课上完之后，塞莱斯科维奇给我终生难忘的指导就是“什么叫阅读”，用她的话即阅读就是读者跟作者对话！作为一个大学老师，被导师批评说“不会读书”，我怎么有脸教书呢？被导师训斥后，我反复琢磨，自己怎么连书都不会读呢？从那一时刻开始，我才意识到中国的教育跟法国的教育是有差异的。我开始意识到，大学是一个培养人的思辨能力的地方，而培养这种能力的基础恐怕就是需要大量阅读，同时去思考。

覃：您的硕士导师批评您“不会读书”，但是您后来在写完博士论文之后，对博士导师的释意理论提出了三个质疑，现出“吾爱吾师，吾更爱真理”的独立精神和批判思维。后来您也是专家教授，您的学生除了崇拜您、学习您，有没有也对您的教学和观点提出质疑？您的成长经历如何影响您培养学生的批判性思维能力？

刘：作为一个老师，我是真的把学到的东西带回来了。课堂上我特别强调的一件事情是：读任何书，跟任何人沟通，永远不要轻易地下“好”与“坏”的结论。你要告诉我，书上讲的有没有道理？为什么有道理？虽然有道理，但还有什么欠缺的地方？培养思辨能力是我在所有课上都贯穿的理念。

我的学生在课堂上是很愿意跟我争议的。他们不明白就来问，我采用的不是教导方式，而是引导。我不喜欢用教导，我觉得应该是引导。为什么？因为老师无非是先行读了点书，先行做了点事，你的经验体会对学生只是一个参照物，而不是他们的行为准则。因为他们毕业之后所处的环境跟我们所处的环境是截然不同的，在这样的情况下，我觉得什么最重要？解惑授业。我一直在强调“解惑”应该排在前面，然后才是“授业”，也就是在“解惑”的过程中让他们学习自己的“业”。不是我天天讲，而是让他去做，让他去想，让他去面对自己的经验和失败，不断地积累经验。我的课堂完全是辅助学生成长的课堂。

从理论层面来讲，无论是什么样的语对，无论是口译还是笔译，学习翻译实际上是学习一种思维模式。这种思维模式，无论你从事什么样的工作，对未来人生都是有用的。具体来讲，比如我的学生学了译前准备，毕业之后有的去做记者，他就知道怎么去准备访谈计划。再例如口译笔记训练，一个学生跑回来说，刘老师，真的是感谢您当时给我们做口译笔记训练，现在我每参加完一场会，领导都让我递交一个参会的报告，我都会根据我的口译笔记模式立刻整理出来。

实际上，教学也让我充满了好奇。这种好奇是什么？就是学生在不同阶段会呈现什么样的状态？为什么是这种状态？我怎么去解释它？我怎么样能说服学生让他跟着我走？我自己不断地在这种好奇的过程中去发现问题并解决问题。我跟我带的学生——无论是本科生、硕士生还是博士生——常讲的一句话就是发现问题，在读书的过程和翻译实践中发现问题，然后深入地读书、思考和研究，思考出来了，然后把它变成文字。研究不就是这么一个过程吗？不要把它看得那么难。

覃：您在法国接受的是精英教育，回国后，您如何根据中国本土的特点，探索出您自己的教育模式？在这个过程中，您作为教师有什么成长？

刘：我在巴黎高翻的时候，老师几乎不管我们，很少有人像中国的老师这样事无巨细管那么多。巴黎高翻的学生都特别的 motivated。大家都知道，巴黎高翻的“苦”是闻名的，学生之所以考进去，就是为了通过受苦，最终获得一份比较理想的职业。还有一个很重要的原因，巴黎高翻是精英培养。例如，跟中文相关的学生，有一个招一个，不合格就不招，不像咱们国内似的一定要招满几个。

但是中国已经走过早期的精英教育，进入了大众化教育，翻译专业现在也是一个大众化的教育。那么怎么处理好大众化与精英教育的结合？我的理念是，在大众化教育中不妨想尽办法、千方百计地培养出一些精英来。比如说，北语的法语专业，到现在为止在中国译协的口译大赛当中已经拿了五个冠军，但这并不意味着他们所在的班都是冠军水平。我在班里会有目的、有针对性地去调教好两三个孩子，然后让他们做我的助教，去带动所有同学一起往前走。在这样的模式下，精英培养出来了，大众化的教育质量也提升了。

（二）译者型教师：从“非洲实战”到“培养学生翻译能力”

覃：从 1986 年到 1988 年，您在非洲当译者，到 2008 年、2010 年做北京奥运会、世博会等国家级的同声传译，您的译者道路越走越宽，您的译者意识和能力发生了怎样的重大变化？这对您在教学上的成长有何帮助？

刘：我一直是说，翻译教师永远在路上。我觉得做翻译、教翻译的老师最大的特征是与时俱进、终身学习。我从赴非洲一个医疗队的翻译做起，慢慢做到为国家和国际机构，包括在联合国的“城市可持续发展大会”等做口译。笔译实践上，我翻译了文学作品，例如杜拉斯的《街心花园》、弗朗索瓦-奥利维的《世纪儿》等；也翻译了学术作品，例如《法国释意派口笔译理论》等；此外我为跨国公司做了大量的科技翻译，这一类不大为人所知，因为没有出版。

作为翻译实践者，我上课的时候会告诉学生：译者永远是在国际最前沿、技术最前沿，译者属于创新型人才。为什么？这是因为有很多概念在外语中存在，但在中文里不存在，或者相反。因此，这些概念的表达需要译者去创造。以科技翻译为例，在世博会一场会议上，我翻译了“云计算”，这个概念当时是第一次进入中国。我问了好几个人，他们也不懂，最后只能通过自己的学习去理解它。“云计算”刚出来还没多长时间，“大数据”就出来了。“大数据”出来不久，又出现了“AI 人工智能”“区块链”等。

我在实践当中遇到很多不同的领域，因此，我就以自己为例，给学生讲什么叫终身学习。我从法国回来，做过有关大亚湾核电站、潍坊核电站的翻译，也曾做过三峡工程早期谈判翻译。2003 年的时候我翻译过“非典”，但到了 2020 年，翻译内容就变成新冠肺炎了。由于涉及了很多领域的翻译，我的视野也在不断拓宽。教师需要与时俱进地去认识这个世界，只有这样，当他站到讲台上的时候，学生才能看到教师宽阔的国际化视野、多领域视野，这时教师是学生的一面镜子。

覃： 翻译实践影响了您的教学实践，那么您的翻译实践让您的教学理念发生了什么变化？

刘： 在教学过程中，我教给学生的是基本能力，就是怎样去认识一个新的领域，去接触一种新的东西，并且让他们在接触的过程中，不断地培养创新意识和思辨意识。

作为教师，我解决不了学生毕业之后所从事的具体或相关领域的问题，但我可以给学生一套重要的学习方法。为此，我还请两位巴黎高翻博士翻译了塞莱斯科维奇教授和勒代雷教授（Marianne Lederer）合著的《口译训练指南》，我带着学生翻译了吉尔（Gile）的《笔译训练指南》。这些书都有非常好的理念和方法。国外有一个通常的惯例，就像巴黎高翻这样的学校，他们一般都没有教材，教师需要遵循的是这类的指南。欧盟看到巴黎高翻做得非常好，所以就委托塞莱斯科维奇和勒代雷两位教授写了《口译训练指南》。这本专著现在被国际上很多翻译学校使用或参考。

覃：您在口译教学方面成绩卓著，那么在笔译方面又是如何培养学生的？

刘：我带着学生做真实的笔译项目，如带着研究生翻译了《职业翻译与翻译职业》，由外研社出版。学生在我的指导之下进行翻译，我来改稿，一稿一稿地修改。像前两年出的一本小说《明天，我二十岁》，我和学生合作，一共改了八稿。2020年出版的《豪猪回忆录》是另一本非洲作家的名作，也是我带着学生完成的。

（三）管理型教师：从“仰慕巴黎高翻”到“创建北语高翻”

覃：您是一名优秀的翻译教师，但是您没有止步于此。2011年，您创建了北语高翻学院。请问，有什么重要的经历让您想建立一个翻译学院？

刘：理由很多。第一，在中国没有平台做不成事情，我要实现自己的想法，必须有这样一个平台。怎么解释呢？我1982年留校，学校想培养我，但是我一直不肯做行政工作，坚持走业务道路。记得有一天我跟领导说了一句话：“等到改革大潮来了，我会做行政。”领导问我什么叫改革大潮，我说改革大潮就是把财权和人权给我。毕业后，我目睹了一些不称职的老师糊弄学生，但没有受到任何惩罚，而一些特别优秀的老师也没有得到应有的奖励。我觉得学校没有一个客观公正的评价体系是不对的，所以我一直想建立一个能实现自己想法的平台。

第二，我回国之后应一家跨国公司驻中国首席代表的邀请，在这家公司做翻译兼首代助理，一直持续了近十一年。在这家公司，我的顶头上司是中国区的大老板，公司里所有跟中国有关的业务几乎我都清楚。在跨国公司的十一年，塑造并提升了我的管理风格和管理能力。在 2011 年高翻学院创立后，凡是来中外语言服务人才培养基地参观的人都觉得跟其他高校不一样，有企业和法国风格。

我把在跨国公司里学到的管理应用到了学院管理上。北语的高翻学院 2011 年才成立，第三年就启动了加入国际翻译学院联盟的申请，2015 年成为其中的一员。这是非常不容易的事。专家来考核的时候非常感动，他们非常认可学院各个方面的管理。我们在四年里的的确确做了其他学校五至十年的事。

跨国公司管理模式的一部分被用到北语高翻的内部体系建设上，包括奖惩制度。当时有位口译老师接了国际组织的会议口译，自己偷偷地办了签证跑了，没有跟院里打招呼，也没有跟人事处打招呼。我们听到学生反映之后，就开始调查并确认，最终集体决定让他离职。考虑到青年人的发展，我们没有开除相关责任老师，但劝其辞职了。

覃：我知道您在引进优秀教师方面花了大功夫，但不知道您在"请进来"的时候，也有"请出去"的。"请进来"不容易，要"请出去"就更不容易了。

刘：对，学生也有不能按时毕业的。从建院到现在，几乎每一届都有毕不了业的学生，不能达到毕业要求，坚决不让毕业。

覃：作为一位管理者，相对做普通教师，您的工作有怎样的不同？

刘：高翻建立后，我们就像一个大家庭，每学期大家集体出游，有时还带家属、带孩子。每个月学院都有工作例会，边吃边聊工作。老的一批创业人共十一位，真的就跟大家庭一样。后来有新成员加盟，也很融洽。我就是想借这个平台，让教翻译的老师和学翻译的学生最终成为一个令人羡慕的大家庭！

有人总问：刘老师，你们的老师上这么多课，每个人还兼行政职务，是不是都快累死了？确实，全学院的教师除了教书以外，每个人都有行政工作：管新入职的老师，轮流管外教、口译系、笔译系、本科教学、硕士教学。学院不是院长的，事情要大家做。他们情绪很高涨，觉得有意义，也就不感觉那么累了。

虽然新建院时我们比较穷，但是该奖励的绝对都奖励到。每年每个学期都设一等奖，但当领导的坚决不能领一等奖。为什么？因为这是你该做的工作，不能因为做了院长就拿一等奖，所以我在学院从始至终都没拿过一等奖。我们的院训里面有一个宗旨是“服务他人”。“服务他人”就意味着为他人着想。

覃：当翻译学院的院长，已经超越了您最初的教师梦。建立翻译学院与您的教师梦之间有什么关系呢？

刘：肯定是有关系的。我1996年博士答辩，答辩完了感觉心里有点底气了。1996年我在回国之前写了一封信给校长，建议北语建翻译专业。当时的几任校长都说想法很好，研究研究，然后就没下文了。当时我就跟祥林嫂似的，在学校的十字路口见到别的学院院长，例如汉语学院院长，我就说咱们合作吧，咱们一块培养翻译人才。这个梦就这样一直做着，等于从1996年提出来，一直到2011年，整整十五年……等了十五年才把学院建成了。

前面讲到我不接受行政工作，我唯一做的行政工作就是当了高翻学院的院长。为什么？因为我要实现专业培养翻译人才的目标！这个目标需要通过建立高翻学院来实现！如果想真正培养出合格的翻译人才，教师队伍怎么建设，教学理念是什么，质量把控体系应该是什么样，等等，这涉及一个整体的管理框架。我在建院前给校长撰写了一个五年发展计划，里面包括一步一步要实现的小目标。但是有一点没有，就是加入国际翻译学院联盟。当时我不敢说，是偷偷在做。从建院第二年开始，我每年到瑞士去参加会议，其实参会的目的是游说其他成员，让他们了解北语，让他们知道我们希望加入该组织。

高翻学院不是跨国公司，但必须有五年和十年的发展规划。人没格局，不可能做大事，必须有格局。高翻的格局是什么？就是借国际翻译学院联盟这个船下海，联盟成员借我们这个船上岸，上到中国来。借船下海、借船上岸，讲的就是国际合作！

（四）女性教师：从“遭遇困难”到“不轻言放弃”

覃：1990 年，您在巴黎高翻获得硕士学位，勒代雷教授问您要不要继续读博，您的第一反应是“惊呆了”，当时您也觉得一个中国教师在法国取得硕士学位已经很少见了，而且当时您的孩子还小。但是，您最终选择了读博，这个选择背后的原因是什么？

刘：之所以接受读博，是感觉自己的硕士论文写得并不理想，从心底里觉得自己没有很好地回答想研究的问题。我的硕士论文就是关于口译教学，当时答辩的时候，几位教授质疑：中国的情况难道跟法国不一样吗？你们学生的语言水平不成，为什么要教他们口译？我当时也不能完全说明白，只觉得中国情况如此，市场需要翻译人才。虽然论文通过了，但是他们不能完全接受我的观点，我当时也没有更多理由去说服他们。所以，我就想，如果能够读博士，也许我还有几年的时间好好深入地研究被答辩委员质疑的问题。

覃：选择读博之后，您回到国内，每周十二节课，与博士导师之间的“隔空”沟通也很不方便，博士研究进展很慢。有一次您先生为了支持您写论文，一个人带着孩子去郊游，结果孩子生了重病。在读博士期间您想过要放弃读博吗？

刘：有两次想到过放弃。第一次就是你提到的孩子生病。因为他得的是红白痢疾，医生下了最后通牒，说如果夜里醒不过来，你们要做好料理后事的准备。当时我就跟我爱人说，第一，一旦发生这样的情况，我们就不会再要孩子，太伤心了。第二，如果孩子出问题我真的承受不了，博士论文就不做了。这是第一次想放弃。第二次想放弃是后来我回到法国继续做博士论文时，孩子在国内不知道是什么原因，夜里睡着觉就会跑出去把双手放在水龙头下冲。看了医生后也没有太多缓解。当时虽然钱不多，但孩子小，我只能打长途。我也找了一位法国医生咨询。他说，这种情况属于儿童心理问题，要么是跟同学打架了，要么是看什么恐怖的东西了。电话里我跟我爱人沟通，一起做出了一个决定：再观察一周，如果一周后他还是这样子，我就准备回国。后来孩子有了好转，我先生说，你还是别回来，接着把论文做完吧。就这样我完成了博士论文。

覃：您的先生真是了不起啊……

刘：我不在的时候都是他和老人照顾孩子。1988 年我从非洲回来后，我的父亲和公公都病了，我和先生夜里接到公用电话后就把孩子放在一条小被子里，然后捆在自行车后边往城里赶。等把孩子扔在婆婆家，我们俩又分头去两家医院分别照看两位父亲。第二天早晨还要赶回学校上课。在这样的情况下，我们一直在坚持。我现在老是跟年轻的博士生说，生活就是这样子，谁都会面临各种各样的困难。我说，你看你们现在的条件这么好，有出租车、自备车……

覃：是啊，生活并不会给成功者少一些困难。漫长的读博期也许比当年选择读博还要困难，您那会儿坚持读博的理由是什么呢？仅仅就因为想把硕士论文中的翻译教学问题研究清楚吗？

刘：除了孩子两次出状况让我想过放弃，总的来说，我是那种不会轻言放弃的人，对自己所有做的决定，言必行，行必果。我既然做了决定，除非天塌了，无论如何我都要坚持把自己想做的事情做完！当时没有其他压力，学校没有施压你必须读硕、读博，也没有说读完博士给涨工资，没有任何物质上的吸引力。不像现在，拿到什么学位，就戴上一个帽子，然后换个工作就多给多少钱。那会儿什么物质“奖励”都没有，全是精神支撑和追求。

实话实说，当时动机很单纯，我既然答应导师要写博士论文，我就不能够让导师失望，因为她俩都看好你，塞莱斯科维奇和勒代雷两位校长都认为你应该做，如果我说不做了，我会觉得在外国人面前给中国人丢面子，这不可能！所以我最终坚持下来了。

覃：您为职业的发展付出了很多很多，当家庭责任与职业发展发生冲突的时候，您处理冲突的信念是什么？

刘：我觉得夫妻两个人的共同价值观很重要，因为先生知道我喜欢教书，他也知道我这个人一旦做出决定肯定会坚持。中间有猎头公司找我去巴黎为一家中国公司做首席代表，也有猎头公司找我去外国制药公司做人力资源总监。当我跟先生讨论的时候，他很尊重我的选择。他会说，你到底喜欢什么？你是喜欢挣一堆钱，还是喜欢当老师的这种感觉？其实家庭的事情就是一个沟通，双方价值观统一，我尊重他的选择，他尊重我的选择。很多事情就是一种尊重。

我跟学生也说，其实我是多面人。我在你们的面前是教授，在家里我既是妻子，也是孩子的妈妈，是人家的儿媳妇，还是妈妈的闺女，我都必须尽职尽责。但该怎么做，怎样把生活和工作都兼顾？比如说，我在家里熨衣服或做其他家务的时候，我会打开法国电视台，边看电视或边听广播边熨衣服、干家务，因为家里的活也不能不干啊。

覃：您在小学、大学、巴黎高翻都碰到了好老师，您觉得不同阶段的老师对您的学业、职业、精神影响有何不同？

刘：第一个对我影响大的是小学的音乐老师彭老师。因为她，七岁时我就想当老师，当时她并没有说很多东西，更多的是她教音乐时的形象和拉手风琴的样子，让我感觉当老师非常好，她对我这辈子的影响非常大。后来我学法语，帮我做决定的是小学的赵老师，在她的鼓励之下，我最终选择了法语。另外对我影响比较大的就是我上大学的时候，那些教我翻译课的老师，他们翻译世界名著，我非常敬佩他们！最后是巴黎高翻的塞莱斯科维奇教授和勒代雷教授，她们是巴黎释意派理论的创始人，她们对我的影响非常大。

覃：他们中的女性老师对您作为一个女性教师的成长有何影响？

刘：非常有影响。为什么？因为至少从客观上来讲，这些女老师做得这么好，她们也有家庭，人家能做到这样子，我也希望像她们一样做个好老师。我自己骨子里有点像塞莱斯科维奇，有点男性的刚毅。小学的时候他们都管我叫“假小子”，有点天不怕地不怕的那种女孩子。这种性格有优势，让我敢想敢做。

我觉得女老师有其优势，因为母爱是骨子里的，那种爱超越一切。很多毕业生遇到问题时常常会给我打电话或发邮件，如一个男生在法国，他爱人因癌症去世了，他打电话跟我沟通……不少学生都说我跟妈妈似的。所以，我觉得女老师真的有一定的优势。在教师这个岗位上会碰到各种学生，我接触他们，照顾他们，帮助他们。我有一个学生现在开了一家翻译公司，做得特别好。这个孩子大三的时候想退学，因为爸爸出车祸，妈妈又生病了，家里还有妹妹，死活就不想上学了。最后就在北语的林荫大道上，我苦口婆心地把她留住了，结果这个孩子毕业之后非常优秀。作为女性教师，能把这种母爱洒满人间，有什么不好？

（五）治学育人的源头：爱如一炬之火

覃：从您的经历，我感受到您是一位特别勇于挑战自我的人。请问您形成这种精神气质有怎样的原因？

刘：我这个人是不太服输的。我出生在普通家庭，但是总觉得别人能做的我也能做，我虽然做不了那么好，但是我也不会差到哪里去，我可能追不上别人，但我会努力。我有这种一直坚持往前走的动力。我努力，但对结果并不会太在意，我觉得过程更重要。实际上一个人的品质更多地体现在过程上，生活的意义在于过程。尽管每一个人的领域不太一样，但只要坚持不懈，我想就会有点成果。

另一个理由是我要对得起学生，不能让学生看不起。一些年轻老师，特别是搞口译实践的老师说，由于时间有限，无暇做研究，不想评职称。我对他们说，评不评职称是一回事，但要知道你站在讲台上，你的努力程度会直接影响到学生。

覃：您从小就有教师梦想，这个梦想不仅实现了，而且实现得很彻底。您觉得促使您实现“教师梦”的重要因素是什么？

刘：我一直在说“一切因爱而生”。我在小学就喜欢英语，在中学我是英语课代表，当时北京外国语学校招生，面试我的考官是法语老师，就被她游说去学了法语。从小骨子里就爱外语，北京说那是“鸟语”，我愿意在两种语言之间翻译点什么，觉得挺好玩的。

我喜欢翻译，无论是口译还是笔译我都喜欢。我觉得外语给我打开了一个更宽广的认识世界的大门。对我而言，这辈子就做三件事，做翻译、教翻译、研究翻译。作为一个翻译教师，我说我一直在路上，很累，但是快乐着，因为需要不停地寻找新的东西，不停地更新理念和知识，不断地提升自己的能力，事业之路永远不会关闭。

我从骨子里热爱教师工作。就如前面所言，一切始于爱，终于爱，爱无止境，爱到老去。这辈子一直就想做个好老师，觉得站在讲台上的时候那种感觉是最幸福的。我特别喜欢法国作家杜拉斯说“幸福是自我感觉”，那么我当老师，就是感觉幸福。学生常说：每周上你的课既期待又害怕，但很想上！这样的话让我很兴奋。

当你感觉到学生爱你的时候，你自己难道不觉得幸福吗？实际上，人最后追求的不是物质，无非就是一种情感。作为老师，我们得到的爱是远远超过全世界其他领域的人的。比如说我回到巴黎时，学生只要知道了，他们就会联络一届一届的学生相聚。教师节的时候，学生一句一句的祝福飞来时，哪个行业的人能有这种感觉？！

覃：是啊，当老师的幸福让人羡慕……最后请问您有什么寄语给其他老师呢？

刘：让爱充满世界。把对学生的爱体现在方方面面，体现在每一个具体的教学行为中，我觉得这就是真正的爱。始于爱，终于爱，这样也就实现了杜拉斯的那一句“我自己感觉很幸福”！

访谈后记

对刘和平老师的访谈结束之后，许久，我都还沉浸在访谈的内容和情绪里。新闻记者说：“只有离现场更近，才会离真相更近。”对我这个教师研究者而言，“只有离教师的心灵更近，才会离成长的真相更近”。感谢刘老师对我探究之心的接纳，允许我在她的真诚分享中靠近其成长现场。

在访谈中我首先看到的是刘老师的“不平凡”：国际高端译者、令人仰慕的教师和研究者、翻译学院的创始者。但是我也看见了她的“平凡”：作为新手教师时译者能力不够；有了译者能力，却无法把它转化为系统的翻译教学能力；全心投入研究，成果却不能马上被权威认可；在抚养孩子和读博士的两难之中，有过放弃的想法……

我很好奇：到底是什么力量推动她无数次“纵身一跃”，跨过横亘在“平凡”与“不平凡”间的沟壑？她说，是“爱”——爱翻译、爱学生、爱教学。为此她不断地审视和发现自己的不足，然后主动“选择”挑战自我，并“坚持”实现。

成长是一个因“爱”破碎旧我，寻找新我的过程，愿我们在感叹刘老师的成功之时，追随她成长的源头，一同践行“爱如一炬之火，万火引之，其火如故……”

执着口译，拓荒前行

专访台湾辅仁大学杨承淑教授

受访者简介：杨承淑，教授，日本东北大学文学研究科硕士，北京外国语大学博士。现任中山大学国际翻译学院教授、学科带头人。曾任台湾辅仁大学跨文化研究所所长，辅仁大学学术特聘终身教授，台湾翻译学学会创会会长，国际医疗翻译协会第二、三届理事长。主要研究方向为口译教学研究、口笔译典藏研究、口译理论研究和国际医疗口笔译研究。曾获得境外相当于国家社科基金、教育部及其他专项研究基金三十一次，日本住友财团研究奖助一次。在国内外翻译学核心杂志上发表学术论文百余篇，出版《口译教学研究：理论与实践》等专著二十余本，从事中日会议口译约一千场。

采访人：范芮，复旦大学外文学院 2019 级英语笔译专业研究生

（一）锐意进取，四海求学

范芮（以下简称“范”）：杨教授，您在翻译科研和教学方面的成果非常瞩目。但我注意到您本硕都是修读日本文学的，为什么后来选择做翻译？

杨承淑（以下简称“杨”）：1988年时，辅仁大学着手建立翻译学研究所，为充实师资队伍，学校派我到日本学习口译。严格来讲，这才是我做翻译真正的开始。在这之前，我也教授过翻译课，我发觉当时台湾的大学有一个特点，就是往往都想把翻译课丢给新来的老师，就如当时的我。翻译课好像就是被学语言的老师想办法丢出去的一门课，究其原因主要是大家都不是很理解该如何教翻译课。大陆在当时已经有一些翻译教材了，可是台湾的情况却不同。在台湾，学生读到了大学，就没有所谓的教科书这回事了。尤其是，在辅仁大学翻译学研究所1988年成立之前，是没有所谓的翻译专业的，翻译更多的是作为外语系学生修读的听、说、读、写、译五技能之一。在当时的台湾，如果你会外语会翻译，那么求职时就会便利许多。因而，翻译的定义在当时是很模糊的，很多人都是边做边学。后来因为辅大要成立翻译学研究所，也就是将翻译学作为一个单独的学科划分出来，就把我派去日本ISS口译研修中心学习口译。

范：那么日本ISS口译研修中心的教学模式是怎样的？对您的教学有何影响？

杨：总的来说，日本这边的学校对我的帮助非常大。他们聘请了实务经验丰富的教师指导我，还允许我旁听英日口译课，且惠予了大量影音教材。事实上，最初除了口译之外，我还想学一门笔译，而且如果学，我就想学自己最不了解的领域。我是学文学出身，而我请他们教我科技翻译。学校也满足了我的需求，找了一位东京大学的博士生来教我。这位博士生是大陆来的，非常优秀，但他其实并不很懂所谓的翻译教学，只是教我一些关于科技的概念。辅大当初开设全台湾第一个翻译学研究所的时候，是非常有雄心壮志的，把老师们送到法国、德国、美国以及日本进行口译的学习。在日本ISS口译研修中心，辅大包了一个班，我是唯一的学生。当时有个特别有趣的事，辅大是天主教大学，派了一位修女来跟我做同学。这位修女是日本人，但中文和英语说得都不错。她后来告诉我，自己起初也不是很想学翻译，不过上帝派她到哪里，她就去哪里。因为我是唯一的主要学生，整个课程设置是为了我而量身定做的，比如我要学交传、学同传，他们就给我安排相应的老师。其实他们在中日口译之前，早就有英日口译的课，所以他们也让我去旁听。甚至他们知道我将来要回来教书，还非常大方地把所有收藏的录音教材都让我拿去翻录。刚刚我也提及过，台湾当时是没有翻译教材的，整个大学教育中教材的出现也不太多。即使是现在，翻译课采用的教材也是比较实战式、多元化的，而不像大陆这种比较正式的教材概念。台湾的情况是教师根据自己想教什么，或是觉得什么最适合学生，就去寻找相应的实战材料。甚至说我这一班的学生跟去年教的学生不太一样，我就为他们量身定做，去寻找全新的材料。

范：杨教授，您博士学位是在北京外国语大学读的，而当时您在台湾学术界已经有所建树了。可以请您谈谈当初为什么决定到北外读博深造吗?

杨：因为我想让口译在台湾成为一个产学研并重的学术领域，而不仅仅是技能或者是市场导向的学科。如果我是一个学科带头人，我没有博士学位，我的学生就很难拿到博士学位。如果我不能够持续地产出科研成果的话，台湾学界还是会把翻译仅仅当作一个技能。翻译是学术吗？这些教翻译的老师有博士学位吗？但是我们不断地出论文、出成果，不断地写出一本本沉甸甸的学术著作，这种话就不攻自破了。

我选择去北外读博深造，有一个原因是我的语言方向是日语，但是跟口译相关的学术著作或者论文大多都是用英文写的。我很想用中、英、日三种语言来证明口译是一种语言现象，虽然它不是自然的语言。我希望能够用语言学来解释口译，就不能够只用两种语言，那么这就要求我的导师必须要懂日语，要不然我写什么他也不明白。我知道王克非教授可以读日文，这是原因之一。口译当然是一个技能，所以一定是找有丰富实务经验的老师来教，否则你带不了学生。我本来不是专做口译的老师，但我是受了学校的托付去国外学了口译，那么我回来就必须要能够发挥所长。后来我认识了一位大师级的老师——汤廷池教授，他是美国得克萨斯大学奥斯汀分校的语言学博士，是将乔姆斯基的理论应用于中文的大师。听到我的这种困境后，他就建议我去念语言学，我从语言学里面去体悟中英、中日、英日之间的口译现象。因为多一种语言，就会多好几种组合，在不同的组合之下都出现同样的语言现象的话，就代表着口译里的共同现象。我们都是做双语的，不像在欧洲通常都是只做译入自己的母语的口译。我觉得做多种语言组合就有更多机会去做对比。

再加上当时刚好有个机缘，王克非教授来辅仁大学访学一个学期，他办公室当时就在我的研究室对门。可是我从来都没有带他出去游玩过，因为一年 365 天我每天都在研究室。他准备离开的时候，我才意识到他要回大陆了，想请他吃个饭。还有一次也很滑稽，我出去开会的时候，带上了王教授，然后说您在这里参观，我去那边开会，开完会以后我来接您。最后我正式跟他饯别时，我告诉他，我因为一直升教授升不上去，出了三本书写了五十万字，都一直被打回票。这也是为什么您看到我这个人像陀螺一样都没有停下来过。他回大陆以后，我终于升成教授了，从副教授到教授我花了十七年，我就跟他讲这件事，希望他跟我一起释然。当时，我研究口译，写的论文不被学界认同，就非常希望大家总有一天能够认可我。今天你们看来会觉得很奇怪，谁会不认同翻译也可以做学术研究呢？但是在我那个时候，大家只觉得，你们做口译的人挣那么多钱，还会学术吗？所以，当我们写出正儿八经的著作的时候，就被批得体无完肤，这是我经历过的一个很漫长的、从不被认可到被认可的过程。

范：杨教授，自您 1991 年到辅大翻译学研究所任教至今，有没有哪一门课程让您觉得带得比较吃力，或是比较有挑战性呢？

杨：我认为是《国际医院评鉴》。2014 年我们开设了国际医疗翻译学程，到了 2015 年又将其升为硕士学位课程。曾经有一段时间，每个医院都很想做国际评鉴，所以我们就开了这门课。JCI 是国际医疗卫生机构认证联合委员会用于对美国以外的医疗机构进行认证的附属机构。到今天为止，大陆不少医院都通过了 JCI 评审。虽然全世界已经有两万家这样的医院了，可是因为这个认证只有三年有效期，三年过后还要评鉴，因而这门课是有开设必要的。对美国人来说，如果去通过国际评鉴的医院看病的话，他们在保险方面的给付成数就比较高。保险公司会认为，你进了一家好的医院，那么这家已经被认证过的医院所要求的医疗费用，公司会觉得是比较合理的。这个评鉴有三个类别，一个是治疗，大部分都是医师去评鉴。另外一个是护理师，多半都是担任过护理师的人去做评鉴委员。第三组就是行政，还有信息和技术工作人员。评鉴条文有一千七百多条，对我来说挑战非常大。虽然我们做口译不可能总是能接到自己熟悉的领域，但《国际医院评鉴》这门课任务确实是很艰巨的。不过，翻译教学中势必是会遇到困难的，我们翻译教师就是要向其他领域学习取经，认识自己的不足，保持学习的习惯，持续设定新的挑战目标。

（二）拓展课程，科研赋能

范：您在北外深造了几年，大陆高校经常邀请您分享学术成果，您现在也在中山大学任教。您对两岸的翻译教学模式一定都很熟悉，您认为二者在哪些方面有所不同？

杨：大陆的市场诱因促使口笔译教学倾向于技能传授，教师对于教学与研究的投入相对较少。其实我们在辅大也是首先教学生技能。我拜访过在台湾规模数一数二的翻译公司，请他们把去年一整年或者过去三年，中英文领域中单价最高的领域告诉我，他们说是法律和金融，所以我就开设了财经和法律翻译方向的学程。这是我基于市场调研的结果。我在辅大翻译学研究所做了三十一年，当中有一半的时间都担任所长，这几十年我念之再三的一件事就是，必须为我们的学生找到出路。学校把学生培养出来了，让他以后干嘛呢？我们要帮学生把路想好铺好。学生愿不愿意走是另外一回事，但是作为老师都没有预想的话，就是一种失职。可以这么说，辅大几乎所有跟翻译相关的创新都是我们设想的，其他的学校则来效仿。两岸都非常重视翻译技能，但最后可能是大陆做得更好一点，因为大陆的老师有更多实务经验。就像护理师，为什么大陆的护理师打针那么厉害？因为他需要服务的病人数量可能是台湾这边的十几倍。因而，市场的历练的确很重要，要把市场的诱因和理论的因素进行有机的结合。

范：您的著作《口译教学研究：理论与实践》中提到口译教学的三要素“语言、知识、技法”。请问您是通过自己多年来的教学经验总结出来的这一学术观点吗？可以请您详细谈谈您是如何将自己的翻译实践能力转化为翻译教学能力的吗？

杨：一句话来说，就是要从困而知之中，看到自己的不足，并采取更有效率的学习方法与策略。你提到的这三要素当然是从教学经验总结出来，但是在此之前，也是我在实务中观察到的，再加上我在语言学上的研究，便归纳出了这三要素。后来我专注于国际医疗口译服务时，我就在语言、知识、技法的基础上又加上了另外一个要素——跨文化沟通能力。因为在做口译的时候，你面对的当然是人。事实上，《口译教学研究：理论与实践》这本书是我评教授的升等专著，这中间就不断地有被打回来的情况，说这本书不够学术。在拉锯的这一两年当中，我心里的感触是很深的，那已经是我的第三本升等专著了。我就在想我能不能做得更好一点，让人哑口无言。其实还有一本书，没有前面你说的那一本出名，叫作《口译的信息处理过程研究》，这才是我在北外的博士论文。这本书比较难，所以很多人可能不愿意去看。其实这本书才是凝聚了我对口译研究的精髓的。通过博士阶段的研究学习，我把口译推向了可以用语言学去解释的一个水平，现在很多人说口译的过程研究，其实最早就是由我开始的。

范：杨教授，2014 年您在辅仁大学创设了“国际医疗翻译学程”，并于次年推展为硕士学位。2015 年您推动创立国际医疗翻译协会，担任该协会两届理事长。不难看出您近些年为了医学口笔译下了不少功夫，也致力于培养这方面的人才。您这样做的缘由是什么？

杨：任何学科的发展，都有渐次分化的现象。口译从早期服务于机构型的国际会议之后，发展成服务各行各业的市场型会议产业。基于市场竞争中必须突出优势的观点，我们提出与医疗行业结合的医疗口笔译等语言服务。这和辅大 2017 年成立大学附属医院，并得到校长与医学院大力支持是密切相关的。从 2014 年我开创医学口译的学程至今，只有五年时间。说良心话，我没有想过我要在快要退休的前五年来创造一个领域，我觉得我时间不够，所以从这个角度来说困难又是双倍的。除了口译之外，还要跟医院配合，跟国际医疗的业务要完全吻合，这是不容易的。辅仁大学在 2017 年成立大学附属医院时，我觉得我们可以把翻译跟医院结合，就请外语学院院长带我去见校长。辅大校长是泌尿科医师。我们立足的环境是非常重要的。我们是

2017 年建立附属医院，但是 2014 年就开创医学口笔译学程了。换句话说，我们在医院还没有建立的时候，就已经有了这样的蓝图，一切可以说是天时地利人和。

范：您可以谈谈您在大陆推广医学口笔译教学的具体规划吗？

杨：2020 年中大的国际翻译学院在我的策划下，已和中山大学附属第一医院和附属第五医院分别达成一项合作计划，并引进专家进课堂的制度，让口笔译专业可以有针对性地服务国际医疗部门，以及医学教育的国际化项目。其实我们 2017 年就跟中山大学附属第一医院进行合作，帮他们做院内医师的中英文口译培训，已经做了四期，第四期是 2019 年暑假。目前我们还请中大五院的专家医师和护理师进入我们的课堂，为我们做内科、外科，还有检验超声波等各种主题的讲座，接下来按原计划学生就会到现场进行学习。但是最近由于疫情的原因，我在考虑也许我们可以做一些线上的医疗口译服务。

（三）女性自强，天道酬勤

范：杨教授，女性身份对翻译教学带来了什么优势或劣势，或者与男性翻译教师有什么不同？

杨：无论职场或家庭，我个人完全没有性别差异上的感受。我喜欢也享受身为女性的生命经验，但性格上，我觉得自己拥有相当的拓荒精神，似乎这也让我和不少海内外具有这类气质的同行，成为相互欣赏的朋友。

范：很多女性梦想成为和您一样成功的翻译教师，您对她们有没有什么宝贵的建议或经验，以帮助其平衡科研、翻译实践、教学育人及女性社会身份？

杨：设定一个广角的视野与各阶段的目标，并找好适合自己的方法，全力以赴。只有选你所爱，爱你所选，才不负此生。毕竟，人生没有可回头的路。一个美国的女性主义者讲过一句话，说女人要在男人的世界里面出头，一定要付出双倍的努力。女性天生有一种更坚毅的韧性，当然天生你不能随便忽视你孩子的需求，你不能够不咬紧牙关，把这一关度过去，在女性的身上是会看到这一点的。

但是我觉得在事业上面放弃的女性，常常会有一种自我暗示，她觉得自己是女性，所以不必这样那样，比如觉得自己应该就是陪陪家人或者照顾小孩，那么自然不能全力以赴，当然得不到公平的位置。但是你全力以赴了，你分分秒秒都在努力了，老天爷还走眼，我觉得不太可能。身为女性固然承担养儿育女的家庭责任，但那只是阶段性的角色。通过家人或专业的协助，不放弃自己的人生选择与承诺，女性在专业发展上才会获得公平的待遇。

访谈后记

“优雅温婉”，杨承淑教授一开口，这四个字就跃入了我的脑海。就算仅仅只闻其声，我也知道她一定在笑，笑得和煦。但是一个多小时的访谈中，我越来越明白，在杨教授温柔外表和软糯声音的背后，有着怎样坚强而孤勇的灵魂。杨老师坦言，自己具有相当的拓荒精神。正是这份女性特有的坚韧特质以及她对翻译教学的满腔热忱，使我在访谈中随着杨教授的人生历程，几度欲落泪。从担着辅大学科建立的重任，孤身前往日本研习深造；到迎着学界对翻译研究的不认可逆流而上，最终出版累累硕果证明自己；再到不断地向完全陌生的领域学习取经，为辅大甚至大陆带来崭新的跨学科教学视角……杨教授在翻译研究与教学道路上露出的那一股子对自己的狠劲儿，那一份坚持要让学生学到真本事的执着，都让我们看到她不改的初心：人生沉浮难免，设定一个广角的视野与各阶段的目标，爱你所选，全力以赴，才不虚此生。我想，在未来的岁月里，哪怕撞墙碰壁、头破血流时，杨教授这份热烈勇敢，都会激励着我，不与世界妥协。

拓展眼界，启迪心灵

专访南开大学苗菊教授

受访者简介：苗菊，博士，南开大学外国语学院教授、博士生导师，翻译学研究中心主任，南开大学“英才教授”。维也纳大学非欧盟成员讲学计划客座教授；国家社科基金项目评审与成果鉴定专家；教育部学位与研究生教育发展中心评估专家。教授课程有“当代西方翻译理论”“翻译概论”“翻译研究方法论”“应用翻译研究”等。获南开大学敬业奖、南开大学研究生教育创新优秀成果一等奖、南开大学优秀科研成果奖、中国社会科学院入选优秀论文奖等。研究方向为当代西方译学研究、翻译研究多学科发展。主持并完成省部级科研项目多项，2015 年立项国家社会科学基金重大项目；出版专著两部、论文三十多篇、译著一部、教材一部。

采访人：李昊天，复旦大学外文学院 2019 级英语笔译专业研究生

（一）开拓实证研究，提倡案例教学

李昊天（以下简称“李”）：苗老师，您在《翻译能力研究——构建翻译教学模式的基础》中提出研究翻译教学应该建立在研究译者翻译能力的基础上。在具体的教学环节中，您提到了过程教学法，启发学生解释自己翻译时的思考。您提出的过程教学法与您自己的教学经历有什么联系？

苗菊（以下简称“苗”）：过程教学法的提出，与我教授本科翻译课程的教学经历相关，是从经验当中得出来的。实际上，过程教学法也是基于我做翻译实证研究中的过程研究，即译者的认知过程。通过有声思维实验，译者大脑的思考过程得以呈现。因此，我认为教学当中也要引发学生关注自己的翻译过程和思考过程。这篇文章的引用率很高，侧面说明了过程教学法的科学性和可行性。

教学中我会提前给同学们布置好翻译内容，要求他们在课外进行翻译准备。无论是英译汉还是汉译英，我都会特别关注他们在翻译时的思辨过程。在课堂上，我首先让同学们进行小组探讨，小组讨论的主角是同学们，每个同学都要分享自己翻译时的思考和决策过程，提出自己的真实看法。

我希望同学们能够在课堂上进行充分讨论，而不是大家坐在一起对答案，你的答案是什么，我的答案是什么。在课堂上机械地对答案不利于引发学生们思考。同学们在交流自己翻译的思维过程时，充分地和其他同学交换意见、互相启发。作为老师，我给同学们提供充分的时间和场合来交流自己的翻译过程和思考过程。

南开本科生翻译课程开设在二年级，同学们已经适应了大学生活，接下来就需要使他们感到眼前一亮，感悟到提高，看到自己在见识上的差距，思维上的差异。通过完成翻译任务，学生不仅提高了翻译水平，视野也开阔了。同学们非常喜欢过程教学法，他们告诉我自己能够在这种交流中受到启发，能够知道其他同学为什么会那样翻译，为什么有的同学会比自己翻译得好，如何考虑得更加全面。如此而来，过程教学法也促进了同学们认知思辨能力的发展。

教学与科研是相辅相成的，科研成果会提高教学，教学体验会融入学术研究中。通过过程教学，即翻译过程实证研究，我可以看到译者的思维是不同的。这个发现启发我通过案例研究来比较东西方译者的思维过程。我邀请美国印第安纳大学双语俱佳、英语是母语的博士生和国内双语水平高、汉语是母语的博士生一起参加翻译过程实证研究，进而分析他们思维过程的差异。译者的思维方式不同，认知过程也会不同。因此，我在本科生教学课堂上推行了多年过程教学法，强调同学们交流自己翻译时的思考。过程教学法能够提高学生的认知思维能力，这不仅是翻译能力问题，高等学校教育在很大的程度上要转变学生的思维方式，提高学生的思维能力，甚至是逻辑推理的能力。

李：您在“实施案例教学——培养职业译者 MTI 笔译教学模式探索”一文中提到在 MTI 教育中实施案例教学，以学生为中心，培养应用型翻译人才。您的这篇文章写于 2009 年，时间一晃过去了十一年。您在这些年的教学中，对案例教学模式有没有新的认识，或者有什么新的教学所得?

苗：确实有，而且我感到非常遗憾。这篇文章最初由我的硕士学生冯全功打了一个初稿，后来我又对这篇文章重新规划，添加了我的教育思想，尤其是我对 MTI 教学的见识。很遗憾的是，我的见识没有得到实施，这么多年 MTI 没有实施案例教学，但这篇文章已经把这种理念非常清楚地展示给学界了，并且融入了我“教学内容要反映社会实践”的教育理念和我对 MTI 教育职业化发展的所有期待。

案例教学，以及我对 MTI 教育的见识是从哪来的呢？2006 年，我立了一个教育部一般项目——翻译能力研究项目。我当时很困惑，国内的翻译教学该怎样开拓？如何取得突破？南开大学的教学不算落后，但无非就是相关的文学翻译课程设置，这种状态我感到很不满意。可是在那个时候，社会规模的翻译实践活动已经悄然兴起，MTI教育也开始创办。随着社会上翻译实践活动规模逐渐增大，人才培养应怎么办？

无法回答这些问题，在国内我看不到有突破的契机。如何教翻译？如何培养翻译人才？我看不到什么能够启发我的教学现象或教育现象，而是千篇一律，我感到挺失望和困惑的。我就决定要到国外去调研学习，我要知道国外的翻译教学是怎么做的。

加拿大是双语制国家，对翻译相当重视，翻译教学水平在国际上也相对较高，再加上约克大学翻译学院有一位我很欣赏的翻译过程研究学者坎德斯-塞吉诺（Candace Seguinot）教授，她当时任院长，我非常希望向她学习认知翻译研究的发展，翻译过程实证研究的现状，翻译教学应该如何开展、教什么、怎么教。我抱着这些问题与她联系，她很快就帮助我得到校长的邀请函。

2008 年 1 月 2 日，我顶着严寒前往加拿大约克大学翻译学院调研。到了那里，我看到了与我们国内翻译教学截然不同的一片新天地。第一次和院长见面的时候，我马上就询问了约克大学翻译学院的课程设置、教学方法，还交流了实证研究的现状。我在听她介绍课程设置时，忽然什么也听不进去了。那些新名词新概念使我感到大脑一片空白。她说的那些课程名称和介绍，我全然没有听过，国内刊物上发表的科研成果也没有过。我只看见她的嘴在动，只能听到声音，但我听的是什么，全然不知道了。在后来的调研中，我才逐渐了解到他们的教学体系和课程设置。例如开的课程有 Translation and Localization Tools，Technical and Professional Writing，Documentation，Legal translation，Post-editing，Translation Revision，Terminology

Studies。还有翻译理论课，Translation Theories，Translation Ethics，当然讲的都是西方的翻译理论。

2008 年 5 月，我调研结束回国。我觉得应该对 MTI 教学有一个全新的认识，要提出新的看法。2010 年，我针对 MTI 教学连续发表了两三篇文章，包括案例教学的思想，都是我在约克大学看到与众不同教育理念受到的启发。比如说他们会把毕业生请回学校，描述社会工作岗位的需要，如何能够学有所用，为社会发展服务。加拿大的翻译教学，以社会需要为定位，orientation 不是放在文学翻译上，而是放在社会的职业需要上。除了把毕业生请回来，他们还把业界的 professionals 请到学院任教，这些职业译者开设课程，来培养社会实践所需要的职业技能。

刚才提及的这篇文章融入了案例教学对 MTI 的影响。如果想要培养职业译者，就应该实施案例教学，为什么？因为翻译属于语言服务业，我们需要教翻译公司里边实际上所做的真实翻译项目，这样教育教学才能紧密结合社会真实情况。所以，案例教学的好处在于不脱离真实世界。社会上的翻译实践活动是什么，现在就教什么。

2008 年回国后，我就提议把业界职业译员请来给 MTI 学生上课。这在当时是一个不能接受的理念，领导就说这些业界人士连个职称都没有，怎么能来南开大学上课？那时候，这种理念绝不可能。国外就特别放得开，真正的终身教授名额是有限的，也就五六个。课程谁来教呢？都是合同制的业界人士（professionals working on contract）来教社会上的真实案例，学校里的教学紧密结合社会实践，就不会有鸿沟了。

案例教学理念是我对翻译专业硕士教育发展的一种期待。然而却没有很好地实现，南开大学是最早建立 MTI 专业的 15 所高校之一，我还是这个专业的申报人，所以当时我对 MTI 实施案例教学还抱有希望。然而申报成功后，教学就是另一回事了，我感到失望和遗憾。

案例所带来的是真实的经验世界，把真实的经验世界引入课堂。现在教文学翻译的老师能教这个课吗？他们也没有这些案例。请业界职业译者来教，经费怎么办？总之我想说的，案例教学是我对MTI教育的一种期待。当时我写文章，我看到了案例教学能够把社会上真实的实践活动带到课堂里，使得课堂教学同社会真实世界能够紧密结合。我们的MTI教育有多少次遭到批判，用人单位常常认为MTI学生实际上不能胜任社会实践。现在MTI教育如果能开计算机辅助翻译课程，就算过关了？其实和社会对译者能力的真实需要差得太远了。

（二）深入翻译实践，重视社会变迁

李：从您的求学经历来看，您是非常典型的科班出身、学院派。您毕业的时候有没有考虑过做一名职业翻译？您最后为什么会选择做一名大学老师？您做出职业选择的初衷是什么呢？

苗：我本科毕业之后留校做了两年多老师，之后赶上国家改革开放，引进国外技术设备的潮流兴起，我就到了天津市建材局工作，成为一名真正的翻译。我主要的办公地点在建筑材料工业公司，下属有七八家企业都在引进技术设备，我负责与国外技术专家交流，还有跟国外谈判合作的口笔译工作。我还出国帮助技术培训和技术引进，为局长、经理、技术总工程师洽谈贸易合作提供口译支持。体验过职业译者的生活后，不知道为什么我非常地怀念学校，还想到校园里学习，于是我考上了南开大学的硕士，毕业后又留校了，在公外教英语。再后来又有机会读了博士，继续研究翻译。

虽然我做职业译者的时间不长，但那两年的口笔译工作经历体验是很深刻的。我当时做笔译的时候，下属有七家企业，每家企业都有不同的生产内容，我要了解各种术语，否则啥也翻译不出来。比如说

大理石的设备或者产品，我要跟这些厂、企业里的人去问他们的汉语名称，弄清楚这些术语怎么翻译。译前去了解专业术语，这些经验从何而来？都是从自己的实际摸索中来的，尤其是做口译的时候，更应该在译前把这些术语和相关语料准备充分。

我曾经有过一次非常失败的口译经历。我第一次陪着经理去市政府和外商会谈，我不了解他们要谈什么领域的内容。他们讨论的都是陶瓷话题，当时我没做任何准备，那些技术性较强的内容我就跟不上翻译了，后来一个天津市外事办的翻译帮忙解了围。我从自己的亲身体验，包括后边从事翻译研究中，知道应该如何培养学生，以满足社会实践需要。教育发展要以社会发展需要为依据，教学必须与实践相结合。2008 年我参加上海世界翻译大会，职业译者们强烈批评翻译教学和社会实践是两张皮，翻译教学与社会实践严重脱节。

我还有一个做口笔译的经历。当时我们花了很多钱从奥地利引进了大量技术材料和设备。当时企业里懂得英文的人都聚集在一起，我们彻夜不眠，想要快点把技术资料翻译出来，以便安装设备。但实际上，我们翻译不出来。那么多不认识的专业术语，人工查字典，真的有种望洋兴叹的感觉。那天，天津市玻璃总厂技术部灯火通明，面对这些浩如烟海般的技术资料，我们放弃了。领导决定还是把外国专家请来现场指挥，不能等这些资料翻译过来再安装设备，买的技术资料都作废了。

翻译技术应用开始兴起后，我第一个赞成。为什么？因为我原来做译者时候的那种体验。我清楚地知道，信息时代不可能纯人工地搞翻译，必须使用翻译技术。我们必须要研发翻译技术，应用翻译技术。在 MTI 翻译概论课堂上，我让学生们了解这些新的概念，社会实践中应用翻译技术，进行本地化。技术写作、译后编辑、术语库、语言资产、翻译记忆系统，同学们去探讨这些新名词，开阔了视野，看到教室外面生动的实践活动，而不是只有枯燥的课堂知识。

（三）实施教学改革，体验学生成长

李：您在翻译教学生涯中有没有遇到过印象特别深刻的学生，或者有没有特别深刻的教学体验？

苗：我的学生都非常优秀，他们总是能够把社会翻译实践活动的真实世界带到课堂来，描写展示，这让我非常高兴。我认为 MTI 的教学理念就是培养翻译实践需要的职业译者，了解社会真实的职业实践活动，认识语言服务行业的发展现状，是 MTI 翻译概论课应有的教学内容。

翻译概论课需要课前准备，我提前发给学生一系列反映社会实践内容的新概念、新名词，让他们分组去检索这些信息。需要检索相关关键词获取信息和文献，从网站和文献中获得知识，在此基础上组织安排演讲内容和内容的结构化、层次化。他们非常能干，会给我带来意想不到的惊喜。比如说同样的概念——本地化（localization），现在学生们能在课堂上展示的内容和 2008 年展示的就完全不一样了。2008 年学生展示的 PPT 都是停留在概念上的解释，现在的学生会利用各种图表、图像、数据来解释本地化，内容开拓得非常丰富。

随着社会的发展，我的教学体验就是老师需要依据社会的需要开展教学，第一堂课就要引导学生思考和看到教室窗外的图景是什么。例如介绍传神翻译公司，让他们检索传神翻译公司的概况，开展什么业务，工作流程是怎样的。他们就会把所有收获带回到课堂上来展示。学生眼睛看到的是什么？是真实世界。以色列翻译理论家吉蒂昂·图瑞提出描写翻译学研究，描述我们真实的经验世界。这几个字从我读博士的时候就留在了我的心里。“我们真实的经验世界”，这是我们的根本，是我们一切力量的来源，是真正知识的来源。对于我们翻译研究来说，你如果抛开了真实的经验世界，你还要干什么呢？冥思苦想？搞哲学思考？哲学思考会揭示人类的思维模式，这是肯定的，但我感兴趣的是未来是什么，发展是什么，学生们的知识应该是什么。所以，我教学中最深刻的体会就是关注社会需要，了解真实世界，让学生的眼睛看到真实的翻译任务，知道今天语言服务行业在做什么。

我一直在遵循这样的教学体验来组织安排教学。当然我也要讲授内容，引导学生的思维发展、思考深入，帮助学生开拓研究内容。学生在课堂上汇报社会实践情况，比如游戏本地化，字幕翻译等。如果学生们表达得很肤浅，我就会结合学生的汇报演讲内容，进一步启发还应该开拓什么研究问题。这种情况下，知识从一种表面的层次，逐步发展到第二个层次，甚至更深入的层次。这门课的教学实现了两方面的收获：学生了解了社会翻译实践的真实风貌，学生也经历了科研过程的思考、检索、阅读、开拓学习、组织结构、交流探讨的全过程。

给我印象特别深刻的事情，就是有时候学生们会给我带来意想不到的惊喜，他们会把社会实践中发展变化带到课堂里，我也在跟着学生们一起共同学习、一起成长，共同体验我们的当今社会，还有比这更美好的事情吗？

我曾经读过一篇文章，说是作为一个教授，你真正的乐趣在哪？真正的乐趣实际上是 you feel the clay began to breathe，用一种圣经的理念来比喻生命的开始，意味着生命的成长。这种体验真是这样，我觉得在呼吸新鲜的空气，也在体验生命的成长。随着与同学们的这种互动，实际上我们在共同成长。

（四）治学态度严谨，坚持立德树人

李：您在科研方面，专著、论文、国家教育部科研项目都取得了非常优秀的成绩，与此同时，您还担任着本科生、硕士生、博士生课程。高校的教学和科研压力很大，您是如何平衡教学和科研的呢？

苗：我的主要精力放在硕士生、博士生教学当中。分不同的层面，硕士生培养还是要强调知识教学，同时也要教硕士生掌握基本的研究方法、学术道德和论文写作规范等。博士生培养层面，基本上就是学生和我一起做科研，我给博士生上课的内容就是我们的科研内容。为了节省大家的时间，我会根据博士生科研成果来给他们打成绩，不会再让他们根据某门课程专门写论文或者考试。我会让学生参与到科研项目的工作中，和我一起探讨学术，体验科研。

我分配在教学上的时间有限，除了学校里边的教学工作，我还承担着很多社会工作，教育部的科研项目和各种工作很多，任务量也比较大，我很难有休息的时间。

我要补充的是，在培养硕士生方面，我会注意扩展学生的知识面，帮助他们掌握更多的知识，然后再给他们讲研究方法，教会他们如何做研究，如何写论文。在培养博士生方面，我会带着他们和我一起做科研，产出科研成果。在各种交流活动中，我们是互利的，在科研过程中，学生的学术素质和科研能力都得到了提高。比如，博士生帮我联系国外学者的信件交流中打错一个标点符号，我都要给纠正过来。学生写完信件初稿后，我一定要重新完整看一遍，标点符号、行间距、书信格式等小事情，我都会让学生们注意，避免出差错。就是在这些小事情上，我希望帮助博士生养成严谨的态度和学术品质。包括申请科研项目，我告诉他们怎么去组织框架和内容，团队分工，每个人完成一部分内容。

李：您觉得在翻译教学中，女教师有没有什么优势或者是独特的教学特点？有什么劣势吗？

苗：我从来不考虑性别上的差异，我只觉得女教师跟学生们沟通起来可能显得更加亲切，这是一个教学特点。我以前教本科的时候，别的老师告诉我说学生们在学生论坛上评论苗老师是最具亲和力的老师。所以，作为一名女性教师，我让学生们觉得有一种很亲近的感觉。

女教师的劣势当然也有，主要体现在带博士生上。有的博士生会觉得女教师不严厉好说话，容易同情人。唉！他知道你好心，就会跟你哭天抹泪博得同情，一个理由又接一个软磨硬泡。我还遭遇过这样的博士生，不顾论文质量非要毕业，施以各种理由手段的表演，还威胁喊叫不行他就不干了，就收拾东西卷铺盖回家了，言外之意，逼迫放行。如果是个男博导的话，这个学生未必会说同样的话。他们可能觉得女博导仁慈善良，容易让步，好对付。所以，带博士生很费心力，各种类型的问题相当复杂。

李：您曾经获得过南开大学的“教工先锋”“英才教授”等很多荣誉称号，这是对您教学能力的充分肯定。您最初开始翻译教学过程中有没有遇到什么困难？您又是怎么解决这些困难的？

苗：最初我都是教笔译和文学翻译，我曾经教过硕士生的文学翻译赏析课，对比分析译文翻译的好坏得失，提出完善意见。我还一直在教硕士生的必修课——当代西方翻译理论课，这只能说是上课内容的不同，倒没觉得有什么突出的困难。我们探讨各种西方翻译理论的内容，学习借鉴前人的理论方法和他们的思辨见识。例如哲学阐释学可以用在解释翻译现象上，同学们都能接受，我没有感觉到有什么大的困难。

李：您觉得一个优秀的翻译教师应该具备什么样的品质？可以给几个关键词吗？

苗：优秀的教师首先要做到立德树人，严格要求自己的言行。我在南开大学教书这么多年，留给学生的可能没有多么高尚的品质，但绝对有“善良”这两个字，我希望通过我的言行传递一个信息，我们的社会需要善良。如果人人都自私自利、剑拔弩张、恶气冲天，那是一种什么环境呢？曾经有一度，人与人之间的关系很糟糕。作为一名教师，应该有一种感染力，把善良留给世界，这是我的一种精神境界，我始终认为做人要与人为善，乐于助人，乐于帮助各种生命，宁可牺牲自己的一些利益，要体现一种仁慈。

教师还应该培养学生诚实守信、谦虚谨慎、低调做人的品质，取得了一定的成绩后切不可骄傲自大。有些虚荣心比较强的学生，做不到虚心向他人学习请教，整天一副自以为是的姿态，那么他做学问也是这样的，总想投机取巧，甚至是抄袭。我发现这样的情况后，我要进行纠正教育，给他分析根源。如何做人，就会如何做学问。做人不老实，虚荣心恶性膨胀，所以在做学问的时候不虚心请教，总想投机取巧走捷径。还有的学生听不进别人的意见，老师同学的话听不进去，你再看他做学问，全凭自己的想象，这对学术生涯是不利的，所以要保持谦虚谨慎低调的态度，向他人学习，博采众长而完善自我。

老师不可能只做到培养学术天才，而是要教书育人。如果学生的道德品质有问题，那么他的学术最后也要出问题。每一位教师都应该关注学生的问题所在，认真负责指导提高学生的觉悟。我强调的就是先学做人，再去做学问。对博士生的培养更应该是这样，不要以为博士生就是只做学问了，品德有问题，学术也做不好的，不定会出什么问题。

（五）启发前沿意识，鼓励与时俱进

李：请您为青年翻译教师，尤其是青年女教师，献上几句寄语，好吗？

苗：好，这些话我想说很多年了。青年教师应该关注社会发展需要，不要总停留在自己传统的教育背景上。实际上，我们需要新一代的老师从事翻译教学。为什么说“新一代”？因为翻译实践活动已经远远地超越了传统意义上的文学翻译。

我们当然需要教英汉互译、文学翻译赏析批评等课程的老师，但我们要特别注意，我们也需要能够懂理论、讲理论的老师。如果一个教西方翻译理论的老教师退休了，年轻的老师能不能接替上呢？他们

会不会对这个感兴趣？他们又愿不愿意继续跟踪西方翻译理论的现状和发展？

我一直在跟踪社会翻译实践活动的变化，包括指导博士生做调研，研究社会发展需要。然而，这种能够按照社会发展需要开展教学的青年一代教师，我看不到有明显的后来人。从我们现在的教育来看，我们没有培养这样的师资。如果总是由传统的教育背景和知识结构的人做老师，他原来也没有具备社会发展的新知识，他能教什么新的内容呢？

青年教师如果再没有拓展和跟踪前沿社会发展需要的精神，那么我们将永远处于一种师资不足的状态，我们缺少能够紧密对接社会发展所需的师资。各种举办的翻译暑期班，我不知道具体有什么样的教学内容，但不管怎样，它在多大程度上能够符合现在翻译专业硕士发展的需要，这是一个需要注意的问题。

举几个例子。现在人人都可以使用手机，电话口译就可以解决很多需要翻译陪同的问题。但是电话口译方面的课程有老师能教吗？媒体口译活动发生在大众媒介场所，媒体口译课程哪个老师能教？还有视听翻译，这么多年来国内一直没有重视试听翻译与技术的师资来开展这种教学。反观国际上，2017 年我到 UCL 伦敦大学学院访学，得知视听翻译专业已经存在！ 2013 年，南开大学联合北京外国语大学、清华大学等高校联合举办了一个国际翻译博士论坛，当时还有来自西班牙、加拿大、奥地利维也纳大学的翻译学博士参加论坛。维也纳大学翻译研究学院的布丁教授是一位非常具有前瞻性的学者，在那次论坛上，他分享了他所看到的社会发展动态，以及跟踪社会发展需要的科研内容。所以，我希望我们的青年学者也能够成为未来的学者，我们更需要的学者是未来的年轻一代。

如果社会需要你掌握译后编辑的内容，你就得教译后编辑。如果社会需要你教本地化翻译，你就得教本地化翻译。我一直在鼓励博士生研究社会发展变化的内容，也是在逐渐地产出这样的师资，他们将来能胜任前瞻性的教学内容。我的博士生也曾经产出过本地化、技术传播、术语能力等领域的研究成果，但还是微不足道。我才能培养几个博士？我这个博士点一年才给一个名额。我们实际上需要高校大面积地培养前瞻性的师资，才能够真正满足社会需要，就是胜任适合社会发展需要的教学内容。师资不发展，停留在传统的教育背景和知识结构上，这非常不利。

这就是我对你问题的回答，我非常希望青年教师能够看到社会发展的需要，开拓知识结构，而不是停留在原有的教育背景上，需要orient on social practice，social needs and social development（面向社会实践、社会需求和社会发展）。

访谈后记

以学生的身份采访一名学界教授，无论是学识上还是人生体验上，我都感觉自己微小如尘埃。抱着求教的诚恳态度，我开始了对苗菊教授的采访。热爱是藏不住的，隔着屏幕，以微信语音的方式进行交流，我仍然能够强烈地感受到苗老师对翻译教学和学生们的热爱。我的每一个问题都得到了苗老师的认真回答，我的紧张感荡然无存。苗老师回忆自己的口笔译工作经历时，引起了我的共鸣：原来没有天生的翻译大家，优秀的翻译最开始也是懵懂无知没有经验，在一次次翻译实践中成长起来。苗老师的真实分享给了我无形的力量，苗老师的亲身经历和独特思考，让我对翻译教师这个职业产生了深深的敬佩和向往。采访虽然结束了，苗老师的故事却像一道温暖的光，坚定了我努力的方向。我不必是尘埃，我也应该努力成为一道光，照亮他人。

胸怀天下事，育人慈母心

专访广东外语外贸大学穆雷教授

受访者简介：穆雷，香港浸会大学翻译学哲学博士，博士生导师。广东外语外贸大学“云山杰出学者”，高级翻译学院教授。中国翻译协会理事，中国译协翻译理论与翻译教学委员会副主任，《中国翻译》等期刊编委，中国比较文学学会翻译研究会副会长，广东省翻译协会副会长，广州翻译协会会长等。曾在国内权威或核心期刊以及国外期刊发表研究论文二百余篇，出版著作、参编各种论文集、辞典、教材等多部，主持国家社科基金项目三项，教育部、语委和省级科研项目多项。

采访人：温辉，陕西师范大学外国语学院教师，复旦大学外文学院访问学者

（一）树立家国情怀，培养责任担当

温辉（以下简称“温”）：穆教授，您好！您认为MTI教育应以教育为出发点，培养学生的家国情怀、社会责任感和担当。我想请您具体谈谈您对此的理解。

穆雷（以下简称“穆”）：专业学位从设立之日起，它的人才培养目标就不同于学术学位。它的根本目标是直接服务社会、服务经济建设。如果MTI学生毕业之后，只想去做中小学教师或公务员，或者以考博士做研究为唯一目的而不去从事语言服务相关工作，如果一些学生在就业时仅考虑薪水高低而不考虑所学专业的初衷，那么在一定程度上可以说没有达到培养目标。这样的培养结果，也说明我们在培养过程中没有注意培养学生服务社会的专业责任感。医学院的新生入学一般都会有一个宣誓仪式，他们会宣读下面一段誓言：

> 健康所系，性命相托。当我步入神圣医学学府的时刻，谨庄严宣誓：我志愿献身医学，热爱祖国，忠于人民，恪守医德，尊师守纪，刻苦钻研，孜孜不倦，精益求精，全面发展。我决心竭尽全力除人类之病痛，助健康之完美，维护医术的圣洁和荣誉。救死扶伤，不辞艰辛，执着追求，为祖国与社会医药卫生事业的发展和人类身心健康奋斗终生。

这样的仪式感会增强学生的专业使命感，强化他们为人类为社会服务的意识。我觉得在翻译专业学位教育中也应该有类似的教育，让学生了解语言服务和翻译专业的社会属性和专业定位。

温：在学位教育中如何去贯彻和渗透这个理念呢？

穆：十几年前教学指导委员会指定翻译概论为MTI必修课，请许钧老师编写教材。宗旨就是不应只介绍翻译理论，而且要告诉学生在社会快速发展时期，语言服务行业是什么，翻译职业的责任和作用是什么。就拿抗疫来说，同样是居家隔离，有的MTI学生会想到这是我们专业所长发挥作用的时候，会在线上线下做志愿翻译服务工作，或者去机场口岸做语言服务志愿者，至少要关注语言服务在抗疫中的作用，这样的孩子体现出社会责任感和社会担当。相反，有的学生就会觉得不用去学校上学更好，可以在家随心所欲，也有些学生把主要精力都放在焦虑和恐惧上，想不到自己对社会应尽的责任和义务。

温：您是怎样培养学生的家国情怀的呢？

穆：我比较重视学生的人品和三观。我挑选研究生的首要标准是人品好，也重视品德培养。我认为“立德树人”比学术能力更加重要。十几年来，我带着研究生一起去做语言服务的相关社会调研和人物访谈，每天推送相关资料让他们阅读，经常讨论语言服务行业的最新动向等。通过这些活动，加深对社会的了解、对弱势群体的了解、对语言服务行业和翻译职业的了解，从而明确学习目的，树立家国情怀。

温：您怎么看待翻译协会的工作？

穆：翻译协会是社会团体，工作性质主要是志愿奉献。1988年我就参加了陕西省翻译协会，担任常务理事、副秘书长，跟着老一辈会长孙天义、徐启升老师做事。他们推荐我参加中国翻译协会代表大会，鼓励并帮助我主办全国青年翻译理论研讨会；秘书长安危老师带着我做海伦·斯诺研究，参加工合国际研讨会。我学到很多东西，不管走到哪，我都一直在翻译协会里工作。今天看到陕西省翻译协会仍然活动频繁，一批又一批青年学者挑起大梁，迅速成长，我发自内心感到高兴。

温：您是否鼓励自己的学生参加学术团体？

穆：我经常动员自己的学生积极参加学术团体的活动，不为回报，只讲奉献，就是因为可以更多地了解学科发展，明确自己的学术定位，有机会用自己的专长为社会服务。我常跟学生讲，没有家国情怀，没有社会责任感，自己再有本事也没用。

（二）耳濡目染效恩师，宽严相济带学生

温：您是怎么走上教师这条道路的？

穆：我是从小想做老师。我很有幸在自己求学的各个阶段都遇到过好老师。小学一至三年级，我在陕西军区八一小学住校，班主任张桂芳老师高挑的个子，一头短发，眼神里充满母爱。一次我感冒发烧，在晚自习上很难受，坐立不安，被张老师看到了。她不动声色，下了晚自习，走到我身边，发现我在生病，二话不说背起我就去了医务室。我趴在老师背上热泪长流，特别感动，因为我从小住校，父母工作繁忙，根本顾不上孩子。我每次生病，都是老师们跑前跑后带我看病。四年级后我离开了八一小学，十年后有一次走在商场门口和一个人擦肩而过的一瞬间，听到她问“是穆雷吗”，我定睛一看原来是张老师！顿时泪眼模糊。你知道的，成长中的孩子，十年里变化很大的，我的老师不仅一秒钟认出了学生，还能叫出名字，这让我感受到老师的温暖。

高中班主任肖国梁老师是一位教育家，毕业于西南师大，曾任重庆南开中学校长。当时社会不流行读书，我们每学期都要外出一个月去学工、学农、学军，我自己成天不上晚自习而去参加宣传队（文工团）的排练演出。肖老师语重心长地给我讲读书的重要性，甚至跟宣传队的负责老师大吵一架，硬把我拉回教室学习。我高中毕业时刚好

部队调防离开重庆，肖老师赶到我家送行，对我父母说："现在虽然上大学要从工农兵里面招生，但我相信，读书一定是有用的！任何情况下，孩子都不能放弃读书。如果恢复高考，我相信穆雷一定能够考上大学。"肖老师去世前，我已经大学毕业。后来我接到师母的来信，才知道肖老师弥留之际还叮嘱师母，自己去世的消息一定不要告诉我，因为依我的性格一定会赶回重庆。我在外地工作，当时已经当老师了，往返乘火车需要几天时间，肖老师说做老师会工作很忙，不能耽误我。读着师母的来信，我再次泪如雨下，老师至死都心里想着学生，爱生如子，这就是我的榜样！

温：这样的老师会让我们感念一辈子。

穆：是的。老师们给我树立了榜样，让我从小就向往当老师，当个好老师。我经常被自己的老师感动，被身边的小事感动，或许自己就是一个感性的人。

温：您很重视感恩教育？

穆：是。我看到有很多孩子对什么事情都无动于衷，从不感动，更不知道感恩和感激。我想，不容易被感动的人可能也不容易感动别人吧。感动、感恩、感激，受过教育的人是不是应该更懂得这些？因此我常常跟孩子们分享令我感动的人和事，希望可以感动他们，让他们感动之后学会感恩和感激。

温：您父母也是老师？

穆：我的父母既是老师也是军医。他们在第四军医大学（现名为空军军医大学）附属一院从事临床医疗教学工作，他们对待工作的态度也让我印象深刻。父亲是传染病学教授，我从小好奇，为什么他要选择又脏又累又不起眼的科室作为终生事业呢？长大后父亲告诉我，他从小成为孤儿。我奶奶是得了传染病去世的。现在看来很容易医治的病，可在当时就是致命的。他大学毕业留校选择主攻传染病，因为传染病凶险容易致命，他心里一直都有这个想法，就是挽救更多患者的生命。父亲一直在教学和临床一线忙碌，部队的各种医疗队和临时任务繁多，他难得有时间陪伴孩子。父母没教过子女识字算数，却一直不忘经常教导我们要尊重老师。我和哥哥在同一个小学就读过，有共同的老师。其中有一位老师体弱多病，我们全家三次在她病危时去救助，多年一直关心帮助她直到她去世。

温：听说您父亲是教学能手？

穆：是的，我父亲的教学在学生那里有口皆碑。临床医学上大课，不太容易调动百十来号学员的注意力，临床教学讲授各种传染病的诊断防治，不少疾病早期症状类似感冒容易误诊。父亲从不照本宣科，而是把临床观察到患者的症状特别是各类疼痛的特点惟妙惟肖地表演给学生看，时常模仿当地方言表现医患对话，课堂生动有趣，重点突出，令学生印象深刻。父亲一生都致力于改进教学方法，不断地在教学中融入丰富的临床经验和研究成果，除了翻译国外最新医疗信息、编写教材以外，还自编自导教学电影，多次立功受奖。

我最感动的是，我多次在各种场合巧遇他曾经教过的各年级学生，我和父亲长得很像，他们从相貌上认出我，热情地称我为“恩师的女儿”。成为朋友后，他们无一例外地告诉我“当年你父亲讲课的神态和内容我至今都还记得”。我感到特别欣慰，分别多年还被学生记得，这大概就是教师这个职业最好的回报了吧。

温：您毕业多年学生说您经常带芒果给他们？

穆：我上班路上有很多芒果树，在芒果成熟的季节，有很多芒果自然掉落在地上。我觉得芒果形状好看，不管是绿色还是成熟之后的金黄色。就是不吃，摆在那里也很好看，同时还有一股清香的味道，很好闻，随手捡起几个放在孩子们的办公桌上，大家都开心。

温：您的学生称您为“穆妈妈”？

穆：“穆妈妈”最早是硕士生们叫出来的，后来学生都跟着叫。我的博士生导师黎翠珍教授，就是亦师亦母型的老师。她曾经告诉我，教师要教书、教学、教人，这句话我始终铭记在心。我自己从1982年1月毕业留校任教，近四十年教龄了。教过工科院校的翻译课和大学英语课，教过外语院系和翻译院系的各种课程，教过的学生没有数过，但跟学生的感情一直不变。我跟自己老师们的感情直接影响到我跟学生们的感情，老师们的榜样我一直牢记在心。我荣休那天，博士和博士生们制作了视频，每个人都说了一段自己的故事，让我再次想起跟孩子们相处的细节，感动得我老泪纵横，心里感到温暖甜蜜。每件小事孩子们都记得，可能我不经意的一句话就会对他们有所影响，这就是教师职业的魅力。

温：听说您在学术上对学生要求很严格？

穆：在教学和科研上，我可能算是比较严肃、严格、严厉的。严肃指的是对待教学科研工作的方方面面都要认真不能马虎，在我自己的教学中，也是坚持几十年如一日，提前十分钟以上到教室；对学生的作业、考卷或论文，一定在第一时间处理完毕，绝不拖延；即便是上了多次的课程，每上一次都要重新做课件调整授课内容。严格是说无论对自己还是对学生的要求都要一丝不苟；严厉是指对学生既要有爱又要约束不能放纵。只要有爱，学生是能够感受到的，然后用“严”去约束自己、影响学生。学生在我面前掉泪，我会递上纸巾，让他们擦掉眼泪，但会继续严格要求，不会因为心软而放松要求。

温：生活上您对学生很照顾？

穆：生活上对学生们的照顾，可能跟我的育人理念相关。因为我自己是一个女儿，一个母亲，也体验过成长的经历和缺憾。我的父母是军医，一辈子都贡献给社会了，我母亲生我休完56天产假就去上班了。我们家没有一个节假日是家人齐全一起完整度过的，父母各种值班出任务，孩子们习以为常，但在独自面对社会时会遇到种种问题。出于感同身受吧，我会比较关注学生家庭对孩子的影响，关注学生的心理健康和情感需求。况且，我也认为我们的教育，不仅要关心学生的学业进步，也要帮助孩子们树立正确的三观，让他们正确认识父母，认识社会。

（三）关注性别教育，倡议女性研究

温： 穆老师是仁者仁心，您好像对女孩子更加照顾和关心？

穆： 是呀，我知道女生成长更为不易，改变一个女生，可以改变一个家庭，甚至改变几代人，所以要先帮助她们改变自己的命运。我有一个云南白族女生，很聪明，也很贪玩。我真是对她苦口婆心地劝她读书，最后她是当年全校考上硕士研究生的五个学生之一。后来她出国读了博士，回国在大学里工作。她妈妈非常感恩和感激，偏远地区少数民族能上大学的本来就不多，她女儿最后能成为博士和大学老师，是几辈人不敢想的事情。

温： 您关注女性问题由来已久？

穆： 是的，我很早就开始关注女性主义研究。1995 年第四次世界妇女大会在北京举行，指出了提高全球妇女地位的主要障碍，制定了今后的战略目标和具体行动。之后，我有幸了解到一些女性研究的学术情况，聆听了学术讲座和会议，结识了一批女性研究专家，自己也开始研究女性主义。记得在香港读书期间参加过学院主办的一个国际会议，是女性主义文学批评的，当时据称国内三代女性文学批评家悉数到场。为了了解她们的学术成果，我把三代主要批评家的代表作通读了一遍，会上重点找了几位访谈或者聊天，收获非常大，至少启发了我，在日常的教学中，可以融入性别意识的教育，这是对整个社会理念进步的助益。

温： 您如何进行女性主义研究？

穆： 我对女性主义的研究从两方面着手：一方面我不断回顾自己

的成长过程，理解女性发展的外部环境，另一方面也不断在自己的教学中培养学生的性别意识。身为女性，我深深了解女性要想立足社会有多么不易。我妈妈家族的人都有重男轻女的想法，总觉得女孩子长大嫁人就成了别人家的，男孩子才是养老的依靠。很小的时候妈妈就开始教我做各种家务，缝缝补补，洗洗涮涮，今天用钩针钩一块桌布，明天用绣花针绣一个什么图案。父亲很早就给我灌输男女平等的意识，他从来不说周围的女孩子谁是干家务的能手，而是让我学习他的同学同事中的女性佼佼者，这一点我特别感谢他。

温：您还在什么场合感受到性别问题?

穆：我的老师们倒是没有重男轻女，但周边环境的歧视和不公比比皆是。我国高校的本科生男女比例大体相差不多，但是到了高级职称则女性越来越少。从管理条文表面上看不出任何歧视的条款，但是从入职到升职，每走一步都会遇到重重阻力，是和无形的观念作战。其实大家也可能注意到这种现象，就是无论学习态度和成绩如何，是个男生就不愁没有工作，是个女生就要远比男生优秀很多还不一定有人要。所有晋升并不会因为女性承担更多家庭重担而降低对其要求，因此现实生活中女性要比同龄男性付出更多的心血和精力，获得更加突出的成果，才能与男同事比肩而立，这就是我们看到的现状——越往高处走女性越少的原因之一。

温：学生中也存在性别问题吗?

穆：有啊，博士生中许多男生可以在太太怀孕、生产和哺乳的任何期间离家去读书，女生则要反复斟酌家庭计划，怕“一孕傻三年”影响读书；男生可以少操心或者不操心家务安心读书，女生则为了母子分离不能陪伴子女成长而焦虑不安。作为导师，招收女生不得不考虑其婚育状况，谁都想看到学生一气呵成完成学业。我在现实中看到，一些男生抗压能力较差，学业进展不顺利他们会压抑会抑郁，把问题憋在心里自己苦闷；反而一些女生特别是经过生育考验的女生，抗压能力比较强，时间管理比较好，情绪管理得当，让我心生佩服。记得我的一名女博士后出站答辩获得通过时，她非常淡定地面带微笑致谢，而我早已热泪盈眶，因为我太了解她为了家庭为了学业的付出，知道她有多不容易，为她所取得的成绩而感动。

温：那您怎么对学生进行性别教育？

穆：我平常就不断鼓励女生树立正确的性别意识，抓住机遇不断上进。有的硕士生根据家长的意愿，一定要先就业养家或者顺从丈夫而终止本来可以继续深造的学业。有的学生从小缺乏正面的鼓励和激励，只想快点嫁人有个依靠。我在跟她们的交流中，有意无意地带着她们关注女性研究的内容，潜移默化地鼓励她们自强自立，看着她们不断改变认识，不断积极进取，心里真的很开心。

温：有一本翻译过来的，正面管教方面的育儿书，是您带着女学生翻译的？

穆：是的，那两个女硕士生非常优秀。出版社约稿，我想着女孩子未来可能为人妻母，会用到这本书，就希望通过翻译，她们会有额外的收获。

温：您学生中有不少做性别研究的？

穆：是的，我曾经指导过多名研究生撰写翻译研究中的女性研究文章，有硕士论文、博士论文，也有博士后研究，其中不仅有女生，更有男生参与，作为女性的“他者”有另一个视角。他们不仅仅通过文献阅读和讨论，发现翻译实践和翻译研究中的女性主义表达，而且身体力行，树立正确的性别意识，理性对待社会现象，努力做好该做的一切。

温：做性别研究，您遭遇到过阻力吗？

穆：只是有一次，一位男性博导对我说，女性主义研究是政治，是女性争取政治话语权，不是学术研究。后来我越来越谨慎，轻易不敢同意博士生做性别相关的翻译研究论文，必须有非常过硬的数据支撑才行。因为如果男性评委持这种观念的话，对于孩子们而言，试错的成本就太高了。她们一旦不被认可，拿不到学位证书，找不到工作，生活就难以保证。后来，我发现博导胡开宝教授有一个学生做性别研究的博士论文，就问他是否可以用语料库的工具去研究女性主义，他说没有问题，当然可以。我就放心了，终于有男性学者支持学生做女性主义研究，我才放心地让自己的博士生开了题。

温：您遇到过对女性主义有误解的女性吗？

穆：当然有。我注意到即使卓有成就的女性有时候也不愿意承认自己是“女性主义者”，一些作家如王安忆等，不愿意承认自己是女性主义作家，或者自己的作品被划为女性主义作品，担心自己的成就会被认为是因为冠以女性主义才出名，而非作品本身的出色优异获得读者认可。

看来性别意识教育还有很长的路要走，女性在社会上要真正与男性公平竞争需要长时间的社会变革。从基础教育到高等教育，教师本身既是教育者又是受教育者，我们需要对此有所认识、有所行动。

温：性别教育是全民教育吗？

穆：是的。性别教育不仅仅是对女性的，应该是针对全民的，也包括对男性的教育。广外图书馆 2012 年推出了“她的国”女性阅读主题书展，大体上分为女性主义理论研究、中外女性作家代表作和女性文学等三部分，还有一些生活读物和沙龙讲座活动，当时就有不少男生也积极参加了活动。这些活动就是非常好的性别教育，可惜就这么一届，再也没有了。

温：对于性别教育，您有什么建议？

穆：我自己从小到大从来没有任何课程、任何讲座谈及这些问题。没有性别教育，我们也有责任。我希望大学女教师们都加入这个行列，让整个社会培育正确的性别意识。二三十年前，李小江等老师开始在高校创办性别教育研究中心，开设相关课程，陕师大还有女性博物馆，很多人都在努力。不同方向、不同专业的人，都有性别意识，我认为从事相关研究的人可以一起去做这件事。至少，可以让女生遇到性别歧视的时候，不至于手足无措，不知道该怎么办。我们每个人贡献一点力量，多一些关注和呼吁，女孩子们就会少一些摸索试错的艰难与辛苦，也会少走很多弯路。

（四）严师助力高徒，实现梦想与使命

温：您能讲讲您的跨学科研究吗？

穆：我的跨学科研究和成长经历有关。我从小热爱文学，喜欢阅读。1977 年参加高考，在西军电的电子机械专业读了两年，然后作为科技英语教师培养对象转入文学大类学习。我的大学同学不少都是电子机械专业的专家，同学聚会他们高谈阔论专业设计，就是我学习科技知识的好机会，两年的工科学习和后来的同学聚会提高了我的科技素质。我自己喜欢举医学的例子是因为从小耳濡目染。我在西电任教时，业余旁听全校的通选课如模糊数学和形式逻辑等。读博士的时候，我把模糊数学的方法用于博士论文研究。获得博士学位的时候，自动控制领域的国际专家、模糊数学的创始人扎德教授也在现场接受荣誉博士的称号，黎翠珍教授陪我去与扎德交流，研究方法得到了他的首肯，师徒二人都很开心。

温：您能讲讲您导师的故事吗？

穆：说起我的导师黎教授，她对待学生可是出了名的严厉。每天自己准时上下班也监督学生是否在岗，每次向她汇报学习进度，我们都要同时提交文字稿。我汇报的时候，她就做记录，结束的时候用图向我确认所表达的意思。这也让我养成用图表辅助思维的习惯。另外她要求每次离校回家都要严格请假销假，这不仅仅是个手续和制度，

也是她对学生安全的考虑与关心。她要求全院教工直呼我的名字，不能后面加“教授”，尽管我早已是教授了。直到我通过答辩那天，她告诉在场的教工，从此以后可以称呼穆雷博士或者教授了。正是黎老师的这个要求，让我一入学就被“打回原形”，尽快适应学生身份，以学生而非教授的态度去对待博士研究，这个立场的转变非常重要。

温：您会这样要求自己的学生吗？

穆：我自己担任导师的时候，偶有“副教授”学生不能摆正自己的位置，以为自己已经小有成就了，可以依赖之前的成果。我就会给他讲自己的故事。同时，遇到做跨学科研究的，我也和自己的导师一样，一定会联系这个学科的专家，得到他们的认可。比如说，教育学、心理学和管理学的跨学科研究，我就会请这些领域的专家来参与开题和答辩，避免对概念一知半解，盲目使用，贻笑大方。

温：您是怎么指导您的学生在学术上成长的？

穆：我带学生有个理念，不希望学生完全照着我去做，我做什么研究，他们做什么研究，亦步亦趋，甚至只钻研自己导师的理论和方法，在导师的研究领域里打转，不敢越雷池一步。我常对他们说，你们每个人都有自己的兴趣和梦想，我的责任就是助你们一臂之力。

王斌华已经是一位国际学者了，他是做口译研究的，还有王巍巍、伍志伟、王莹、李希希等人都是做口译研究的，我不是。但因为他们的研究都从口译教学和口译实践中发现问题，我愿意跟他们一起研究一起解决问题。

桑仲刚从甘肃天水来的，地域特色明显，做敦煌研究不错，看着他一路成长，现在继续为“一带一路”倡议服务。蓝红军提交的博士入学计划是做钱锺书翻译思想的研究，我告诉他这个选题毕业后可以做成国家社科项目，但不太适合当时的他做博士论文研究。他接受了我的建议，做了适合他的选题，毕业后顺利地用这个课题申请到了国家社科项目。

王祥兵来自国防科技大学，他报考的时候跟我说，学校要求在地方院校读博必须做军事方面的研究。我说对呀，就是要做军事翻译研究，你不做军事翻译研究我都不答应，这是你报效祖国和社会的责任，为军服务是你的担当，我们可以一起探索去做军事翻译研究。

我的少数民族学生也是在入学前就告诉她要做少数民族翻译研究，希望有机会能够为少数民族的发展做点贡献。这些孩子读完博士都在马不停蹄地努力工作，现在他们也都成了博导、硕导，有自己的学生、自己的教学和自己的研究，薪火相传。我要做的就是用团队的力量去助力学生完成各自的梦想和使命，而非让学生都成为我的追随者。看着后浪汹涌向前，前浪感到欣慰。

（五）寄语新秀：顺势而为做规划

温：穆老师，您喜欢拉小提琴吗？

穆：小提琴是我一直以来的一个爱好，十一岁时爸爸引导我去学的。我在宣传队拉小提琴，也在西安歌舞剧团等单位做过演奏员，艺术学习的经历对我的生活和学习很有帮助。

温：跟您聊，觉得您很亲切，您经常被误会“高冷”吗？

穆：我是普通人，也是性情中人，没啥可高可冷的。我只是生性慢热，不知道怎么和陌生人打交道。这个可能和我的成长背景有关，我父母都是部队医务工作者，把一生奉献给医疗事业和部队建设，他们很忙，我从一岁起开始住校生活，幼儿园、小学、中学、大学，都是这样过来的。对我而言，那么小离开父母，要生存就学会保持沉默，少说多做，老老实实把事情做好。这应该是我的一个弱点，别人误以为我是高冷。另外，我受父亲遗传有先天性近视散光，小时候出门总爱低头走路，因为那时候不兴戴眼镜，我抬起头走路看不清人，叔叔阿姨都身穿军装不易辨认，他们会告诉我父母说我见人不打招呼，所以干脆低着头走路。我四十多岁又患上颌面关节炎，天气变化剧烈犯病就频繁。人家胳膊腿疼，我是脸疼头疼，从面颊到耳朵里面到脖子后边都疼，嘴巴张不开，吃不了硬东西，貌似很严肃，没有表情。因为疼痛不舒服要避免有丰富的面部表情，这算是生理缺陷加上心理缺陷导致的误解。可我总不能逢人便去解释吧，误解就误解吧，心里有爱就好。

温：最后，我想请您对成长中的女教师、女学者，讲讲如何做到事业家庭两不误，自己持续成长？

穆：我想说的是顺其自然固然重要，但也要做合理规划。这本身不是很矛盾，对于不同的学生，不同的情况有不同的指导和建议。比如说，对于年龄比较小的女生，我会鼓励她们一口气读上去；但对于年龄稍微大一些的，我就会建议她们先就业成家。作为女性，也要买菜做饭做家务，陪伴孩子一起成长的嘛。只要自己有目标有规划，持续学习，保持热忱，做到合理安排，这一切都水到渠成。

感谢温老师，有机会一起聊天回顾一下过去，很开心！陶老师带学生做的这个系列访谈很有意义，让学生在学会做访谈研究的同时，深入了解翻译界女学者成长的心路历程和艰辛坎坷，加深对性别意识和社会偏见的认识与理解。感谢所有参与这项工作的老师同学！

访谈后记

穆雷教授是中国翻译学和中国翻译教育发展的开创者之一，也是翻译学女教授中的佼佼者。通过访谈，我不仅发现她兴趣广泛，随时带着一颗好奇的心，不放过任何一个学习交流的机会，而且她做事不喜欢打无准备之仗，总是做好最充足的准备，去和相关专家做深入交流，因此她得以在众多的研究领域纵横开阖，游刃有余，颇有将帅之洒脱风范。她仁者仁心，她舐犊情深、爱才惜才、慈母严父般的工作风格和育人理念以及父母的耳濡目染让她在翻译教育、人才培养等方面注重家国情怀、责任担当、身体力行与深耕细作。我钦佩她几十年如一日，笔耕不辍，著作等身仍然保持一颗谦虚好学之心，每日精进；我仰慕她巾帼不让须眉，具有无比坚定的信念和无比顽强的意志，是心中有爱，生活有美，胸中装得下家、国与天下的女中豪杰；我更是赞叹她的知性中，很好地平衡了理性与感性。

问渠那得清如许，为有源头活水来

专访福州大学陈小慰教授

受访者简介： 陈小慰，福州大学外国语学院教授，博士，福州大学"嘉锡学者"特聘教授、教学名师、全国"宝钢优秀教师"。主持国家社科基金等各类项目十余项，出版专著、译著、教材二十多部，在《中国翻译》《外国语》《中国外语》《上海翻译》《翻译季刊》（香港）等各类学术刊物上发表论文七十多篇。获福建省社会科学优秀成果二等奖两项、三等奖两项。中国翻译协会理事兼专家会员、福建省翻译协会副会长、福州大学翻译研究所所长。福建省政协常委。主编主译的《印象福建》与其他"你好，福建"系列丛书一起荣获中央宣传部2019年地方优秀印刷类外宣品一等奖。

采访人： 李晓琳，复旦大学外文学院2019级英语笔译专业研究生

（一）翻译、研究——学无止境

李晓琳（以下简称“李”）：现在我们很多学翻译的同学，工作后找到新的职业方向，对翻译可能也就不那么上心。请问您怎么看待这个现象？您是如何走上翻译这条道路？

陈小慰（以下简称“陈”）：我觉得还是要看个人。我知道有些研究生并不是真正喜欢翻译，个别来读翻译硕士可能真的就是为了提升学历，有的可能是想学一种本领，也有真正喜欢翻译的，种种目的都有，这是一个现实。对于真正喜欢翻译的，他会觉得翻译非常有趣，而且很有成就感。即使将来不做翻译也不要紧，不一定要去做专业的翻译，但是你学会这项本领，会得到一些潜移默化的、对将来事业非常重要的启示，因为翻译就是一种妥协，或者说一种平衡。译者要考虑怎么把源语的重要信息传达给受众，考虑受众的语言文化、传统和价值观，考虑如何用读者舒服的方式来表达，一方面不能只是迁就受众，另一方面又不能把原文的内容硬推给受众，这两种极端都是不可以的。

在翻译中，你可以学到很多东西，给你很多成就感。这种成就感，一方面来源于你踌躇数日找到一个满意译文后那种难以言传的快乐，翻译让你的创造性得以实现；另一方面，成就感来源于翻译促使你不断学习。做翻译需要你什么都懂，很多时候要训练你的信息挖掘能力，而这些能力通过翻译得到了锻炼，久而久之确实得到增强。不过，这都基于你必须是位认真的译者，一定要有责任感，这是最起码的条件。还有，翻译使人谦逊，这也是我的 QQ 签名。翻译教给你的不一定都是学术性的，即使不做翻译，也会启发你很多，例如教会你如何处理生活和工作。

如果真的喜欢翻译，应该一直坚持走这条路，毕业以后也不要断，应该继续翻译。读翻译专业，并不是说你将来一定要去做笔译或口译，MTI（翻译硕士）的培养目标是你至少具备这种能力，将来有机会就可以很好地用上。

就我个人而言，我从小就喜欢读书。小时候和爸爸妈妈一起下放到农村去生活，当地条件十分艰苦。哪怕在那个时候，我也很喜欢读书。我印象很深刻的是，当地有位乡村老师，大概十年前我们才重新联系上。他问我："你以前说长大了要当文学家，怎么现在到了外语学院？"我告诉他，我现在做很多文学翻译。

80 年代我读硕士的时候，在《读者文摘》上读到一篇很好的文章，就翻译了，发表在中文版《读者文摘》上。文章的题目是《苹果里的星星》，我到现在印象都很深刻。那篇文章后来还被收录到"语文网"和小学语文课本，当时我自己不知道，因为他们没给稿费。后来有一次收到出版社的信，向我核实译者信息；南京的一家出版社在四五年前又联系我，我才知道那篇译文居然还在用。

我比较幸运。硕士导师是许崇信先生，他曾经做过马列著作的翻译，学问和为人都特别好。我们那时读硕士学制三年，到第二年才开始选导师。许老师特别受欢迎，我当时幸亏发表了这篇译文，他才收我做学生。我是 1984 年到 1987 年读的硕士，之后在福州大学外国语学院任教，评上教授近十年后才去读的博士。很幸运，博士时又遇到好老师。导师刘亚猛教授学养深厚、治学严谨，为人谦逊儒雅，不仅在修辞研究方面国际知名，在翻译理论研究领域也有从修辞独特视角出发的深刻思考。跟着刘老师，我尝试把西方修辞理论应用到翻译研究中来，并且越做越发现其价值。那时候一边当着学院的院长，一边读博士，真是非常辛苦，但觉得非常值得。

所以，我觉得要看个人，如果你很喜欢翻译，在这方面造诣又很好，那会非常有成就感。我是工作几年后才去读的研究生，谈恋爱谈了很多年都不敢结婚，怕耽误学习。我记得，六月份毕业答辩，我是等到七月份才结婚的。婚后当大学老师，第一年不敢要小孩，等到第二年才准备生孩子。怀孕期间我翻译了一本书、写了两篇文章。

李：好羡慕您。您在翻译领域硕果累累，翻译了诸如《上海孤儿》《使女的故事》《以赛亚·伯林书信集》《印象福建》等，都是很重要的作品。身为一名翻译教师，请问您是如何看待翻译实践的？

陈：我觉得翻译实践非常重要，对 MTI 的老师来说更是如此。有些老师是从语言教学转去教 MTI 的，对翻译的认识还比较传统。要教学生怎么做翻译，老师自己一定要有翻译实践。个人感觉翻译很像中医，只要亲自去做，并且认真地去做，从翻译中不断学习，不断积累，岁数越大就会做得越好。

文学是信息密度大的一种文本类型，又是文化交流非常重要的一种表现形式。但是，MTI 的学生到社会上文学翻译做得很少，因此非文学翻译就是一种现实的需求。我给译林出版社、上海译文出版社做的全是文学翻译，比方说《使女的故事》，我真的觉得这是一本非常好的小说。我还翻译过一些通俗文学作品，比方说《蓝色虚拟空间》（2004 年译林出版社出版）。这些作品翻起来一点都不比经典文学容易，实际上一样难。我在《中国翻译》上发表过一篇文章专门论述这个问题。我认为翻译通俗文学要看什么题材，有些翻译起来真的一点都不简单。《蓝色虚拟空间》是写网络犯罪的，许多网络术语在 2000 年初国内几乎找不到对应的中文表达。

近几年，比方说，金砖会议在厦门召开，当时出版社就找到我们学院，让我们做一套《你好，福建》丛书。我带一位年轻老师翻译其中的《印象福建》。2019 年底，这套书获得中宣部地方优秀外宣印刷品类一等奖中的第一名，一等奖全国才三个。这是福建省委宣传部、福建人民出版社和我们学院的集体成果，但书是我们做的。最近，世界遗产大会要在福州召开，原定会期是 2020 年 6 月，因为新冠疫情推迟了，我又为出版社翻译了福建世界遗产丛书之一《鼓浪屿》。我记得前些年的时候，还基于得到省领导批示的建言，负责与福建省外办的同志合作编写过一本省情词汇的翻译手册（《福建省情词汇表达速译手册》）。另外还有厦门大学出版社出版的《福建应用翻译大全》(福州卷)，我是分册的主编，也是和我们院翻译团队一起做的。2020年还受邀担任了福州迎接世遗大会的双语标识审核专家组成员。

李：您这么丰富的翻译实践，对您的翻译教学有什么影响吗？翻译教学会影响您去做研究吗？

陈：刚开始的时候主要是读别人的论著和译本对照，然后整理出来拼盘式的教案和练习，就是“归纳者”的角色。现在不一样，当了三十多年翻译教师以后，教学经验更加丰富的同时，我也搜集了大量文献资料和翻译案例，这里案例指的是一手案例，是我在读报或者上网时想到、找到跟翻译有关的内容。另外，就是我刚刚强调的，当翻译老师一定要有自己的实践。自己不断研究、不断实践，有了比较鲜明和自成一体的研究方向，再加上大量的英汉、汉英翻译实践，这样课堂上很多语料就是从自己的实践中来，与二手的是完全不一样的。比方说，翻译《使女的故事》这本书时，有些地方特别难，把这些思考过程呈现给学生，那么学生的感觉肯定不一样。这种一手材料，上课分析起来肯定更加深入透彻，对学生更有说服力。

我觉得研究和教学是相辅相成的，不做研究，很难当好大学的翻译教师。研究、实践、教学都是相关的，尤其是对于翻译老师来说，翻译既是一个研究领域，也是一项很重要的社会实践活动，是实践性很强的学科，一定要亲自去做，而且研究和实践，对于教学的深度和广度都有促进作用。老师研究深了，再跟学生讲，可以扩大学生看待翻译问题的视野，也就是我们说的研究促进翻译教学。反过来，你在教学中发现的问题也可以成为你的研究对象。

（二）成师、为师——敬业爱人

李：您获得过全国“宝钢优秀教师”的称号，中共福建省委教工委、省教委也授予您福建省“师德之星”等荣誉，这些奖项具体是表扬您哪些方面的？

陈：这些奖项表扬教学和科研。我感觉自己是比较负责任的老师，这点比较自信。我是A型血，属于比较认真的一类。我曾经在《参考消息》上读到，日本的老板特别喜欢A型血员工，因为这类人比较敬业。

“文革”时期大家都不念书的时候，我还在不停地念书。那时候我们演话剧，我就是演“臭老九”（教师）的角色，周围人都说我是天生要当老师的。八九十年代，我们有许多工作选择，但我只想当老师，从来没有动摇过。

李：喜欢做老师，所以才投入。可是今年由于疫情采用线上教学模式，少了师生和学生之间的互动，这对您翻译教学有什么影响和挑战？您是怎么应对的？

陈：我觉得挑战更多，不过还是要看老师负不负责任。线上教学，老师要花更多时间，因为作业不能让学生在课堂上讲，那样会很浪费时间，其他同学也很难参与。我是要求研究生提前三天把作业通过线上提交给我，我全部都看，之后把学生作业出现的问题全部记录下来，课上进行分析，再讲参考译文。虽然省去了通勤时间，但备课量增大了，特别是作业。有些肯定是面对面讲更好，但这段时间用QQ视频上课也挺顺利的，学生反映也还不错。

李：您不仅教书育人，还承担了许多科研项目，发表学术论文，进行翻译实践，而且每项都硕果累累；您还是福建省政协常委，为省里的发展建言献策，令人敬佩。现在许多大学青年教师，教学和科研的压力都挺大，您是如何平衡学术科研与这么多社会角色之间的关系的？有什么诀窍吗？

陈：这可能跟个人有点关系。我比较能坐得住，很多年轻人晚上就要外出，我基本上不出去。新冠肺炎疫情期间，很多人在家办公觉得很累，但我觉得还好，可能长期习惯了。我天生睡眠需求较少，但睡眠质量比较高，这一点要感谢父母。我早上都是五点多起床，自然醒，二十几岁读硕士时就是这种作息习惯。当院长时经常四点多就自然醒，对我的工作来说好像也没有很大影响，有医生说这也是一种失眠，不过对我个人来说感觉似乎还行。一天工作时间比较长，我一般十二点前一定上床睡觉，五点多醒来，头脑又清醒了。我还有一个习惯，大家早上起来刷牙洗脸，我是刷牙洗头洗脸，长年如此，洗完头之后就非常清醒。

李：您一直保持着这样习惯吗？

陈：对，从年轻时候就是这样。我精力这一块好像还行，一直很好。

李：您真是自律的典型。

陈：我想这也不叫自律，应该说从小到大养成习惯。我从小就这样。

（三）教书育人——宽严相济

李：我看过一篇 2017 年的采访，不仅采访了您，还采访您的学生杨蓓，她说："我们和小慰老师就像多年未见的老朋友，总有说不完的话，大家各抒己见，其乐融融。小慰老师经常在微信群上分享翻译好文，以至于我们一天不学点什么，就浑身不自在。开学第一天她就和我们说，既然选择了做翻译、搞学术，就要耐得住寂寞，多读书、读好书、勤练笔。"（蓝苗：2017）看得出学生和您的关系非常亲近，学生也很仰慕您。您心目中理想的师生关系是什么样的？

陈：这要看研究生或本科生，还要看环境。我们原来在老校区时候跟学生沟通更多一点，到新校区就少多了。研究生沟通会比较多，因为自己带的研究生，生活、学习上的沟通都会有。

李：您平时如何建立和学生之间的联系？

陈：现在有各种各样方式，微信、邮箱、电话、见面等，到学校时他们有时也会到我办公室来聊聊。平常会严格一点，我指导研究生还是很认真的。比方说我给每位学生都建个文件夹，然后他们每个月的读书笔记都要发给我，这样督促他们一下，要不然现在小孩子老师不督促就不会去看书。

李：学生写读书心得吗？

陈：倒不是，读书笔记的内容就是摘抄，我的目的是希望学生能够多读一点书，并且摘抄的参考文献全部要按照规范格式来做，这样将来学生做选题的时候可以用，写论文时引用也方便，等于就是在打个基础。MTI 的学生不仅要看书，还要把实践一起发给我，要跟我汇报口笔译心得、收获之类。这就是一种手段或者措施，让学生每月做一点事情，要不然一个月没看什么书就过去了。

李：您督促学生是比较严厉的，是吗？

陈：我觉得至少这些要做到。要是月底没交，我就会发微信或邮件询问。

李：您会让学生参与到您的翻译实践中来吗？

陈：我尝试过让学生参与非文学文本的翻译，比如说一些公司的简介和宣传纪录片等。一般来说，学生研二的时候我才敢把项目交给他们，学生翻译完之后我再进行审校。有些除有稿费外，还为他们争取署名。口译可以让学生参与，先让他们跟着观摩，再参与简单的项目。有一些翻译任务我会让学生参与做初稿，修改后再发回给他们。

对于 MTI 学生，除了基本练习外，基本功不够好的时候，太多的练习是没有用的，所以，译本对照阅读也是非常好的学习方法。大量的实践要基于大量的输入性学习。

李：您写过不少翻译教学的论文，您觉得作为翻译老师，除了教给专业知识外，还应该培养学生哪些品质或能力呢？

陈：对现在小孩子来说，人际这一块非常重要，责任心也非常重要，责任心不仅仅是对工作，还包括对亲人和家庭；还有，就是勤奋工作、与人为善，这是我自己的信条，也是我尽量传递给学生的信条。我原先在福州时几乎生活在温室里，后来随父母下放到农村，爸妈心里可能不舒服，但对于小孩子来说还好，因为我们不懂事，只感受到那里的农民非常淳朴善良。我在农村生活了三年，爸妈才调到地区，然后回到福州。所幸我所接触的都是好的一面，觉得这对我很重要。当老师，你肯定要爱学生，这跟我的经历有关。我非常崇尚与人为善，平时非常严格要求学生，但关键时刻心还是比较软。

（四）女性发展——柔韧坚持

李：您曾经担任过福州大学外国语学院的院长。您觉得作为一名女性，在职场上是不是要付出更多的努力？

陈：我觉得因人而异，跟环境也有很大关系。从我的观察来看，觉得对女性成长有积极影响的特质是柔韧和坚持。女性有自己的柔韧性，能够坚持和坚守。女生看起来可能比较娇气、比较弱，但真的碰到事情，从长期性来说应该韧性比较强。不过，不管是男性还是女性，作为独立的社会人，如果能坚持学习，自然会产生一种对自我完善、自我成就的追求。这对于男性、女性都一样。

此外，对女性翻译老师的成长，和她的家庭也是分不开的。不管是原生家庭还是婚后家庭，先生、孩子的角色非常重要。我先生非常支持我的事业，我家孩子也挺好的，在人生大事选择上并不需要我们多操心，这一点我挺感激的。孩子能够比较顺利地成长，对我们事业也是一种很大的支持。我先生给了我很多情感支持、实际生活支持。不是说家务由他来做，实际上我很喜欢烧饭做菜，而是说两人应该都有分担。我听说，我们院有些女老师的先生完全在外面忙工作，小孩、家务全都由女性一人承担，那会占据相当一部分时间和精力。

李：请您为青年翻译教师，特别是女教师送几句箴言吧。

陈：我认为，不管是男性还是女性，当老师的素质首先要有，比如负责、认真、爱岗敬业等，其次时间管理也很重要，还有生活安定也很重要，家庭和事业是双向促进的。女性应该发挥自己优势，做到柔韧和坚守。如果你具备一个优秀教师的品质，同时又能发挥你作为女性的特质，我觉得就能够成为一名优秀的翻译女教师。此外，因为要做翻译教师，译者的能力也要培养，就是我们说的 professionalism (职业素养)。女性当然也有一些短处，我想说的是要扬长避短。

访谈后记

访谈前，得知小慰老师是个非常开朗爱笑的人，在网上找到她的照片，多半都是在认真看书的样子，或者对着镜头笑意盈盈。一个多小时的访谈，我在电话这头常常听到老师爽朗的笑声。小慰老师对事认真、对人柔软、追求自我完善，这三者犹如紧密咬合的齿轮，在生命轨道上不停转动。谈话中，我能找到她许多敬业的注脚，老师对于翻译、研究、教育事业无悔地付出自我，收获了一串串成功的珍珠，一个个奖项如同路标，见证着她三十多年来的付出和成长。静水流深，智者无言，老师身上有女性的柔韧，有岁月沉淀出的力量，这些都是她事业和生活中的“活水”。

创新引领　技术赋能

专访同济大学李梅教授

受访者简介：李梅，同济大学外国语学院教授、博导，留英博士。同济大学 MTI 中心主任，上海市科技翻译学会副会长，中国译协理事及翻译理论与教学委员会委员、上海翻译技术沙龙创始人，《上海翻译》编委。主要研究领域为句法学、翻译技术，为 MTI 学生开设翻译工作坊、CAT 技术与应用、技术传播等课程。在《中国翻译》等核心期刊上发表学术论文三十余篇，翻译作品两百余万字。出版专著、译著六部，主持以机器翻译、译后编辑为主题的国家社科、教育部等项目九项。近年来研究聚焦于技术在翻译研究、教学及实践中的应用。

采访人：郭柔杉，复旦大学外文学院 2019 级英语笔译专业研究生

（一）从翻译实践到翻译教学

郭柔杉（以下简称“郭”）：李老师，您在翻译实践上硕果累累，翻译作品两百余万字，出版专著、译著六部。您觉得做翻译和教翻译有什么不同？

李梅（以下简称“李”）：当你做翻译项目时，更多的是专注于去解决翻译实践中出现的具体问题。比如说有的翻译项目是图文并茂的，你要考虑的是使用什么翻译工具去转换文件格式或进行图文排版，怎样把图片中的文字提取出来进行翻译和字数统计。有的翻译项目量大，交付周期短，但重复率高。这时你就需要先做技术处理进行去重，减轻翻译量。翻译实践过程中用到的知识和技巧是零散的，但翻译教学需要具系统性，不能零散而毫无章法，让学生摸不着头脑，这就是为什么老师需要时间备课。课程有教学计划，这是起码的。如果学生有心，就会发现每次课都有一个教学重点，这样传授给他们的知识才是成体系的、前后有逻辑关联的。在翻译教学中讲授的知识只有一部分会被应用到翻译实践中，但实践中没有碰到或运用到的知识不等于不存在或不需要学。比方说一些概念的原理或是翻译技术的发展历程，这些实践中可能用不到，但是对学生了解翻译技术是很有必要很有帮助的。

郭：您自身的翻译实践对翻译教学有什么促进作用吗？比如说您会把自己的作品拿给学生学习讨论吗？

李：有的。有时候我会把自己做过的翻译项目作为案例拿出来给学生学习，因为自己做过了，就知道难点痛点在哪里，哪些地方需要注意，对学生进行引导；但更多的时候我会让学生做新鲜真实的翻译项目。以“翻译工作坊”这门课为例，学生们是一边上课，一边做项目的。我会把学生派到我们的 MTI 实习基地去，如 EVE 设计机构。请设计师为他们培训页面设计的基本常识，教他们如何进行排版，这也是同济的特色。这些项目不只是简单的文字处理，里面还会涉及图文排版等其他技术问题。我会先让学生去做，去发现问题，然后带着问题去接受培训。这和传统的平时上课然后期末考试的教学模式不同，一学期下来，学生做完了一个真实的项目，就相当于有了直接的成果。而且真实的翻译项目是有报酬的，报酬多少与学生的翻译数量和质量相关，这样教学效果会更好，也会让学生更有成就感。在一次次不同的翻译项目中，学生会得到锻炼，不断积累，一进社会就能适应翻译、项目管理等角色。

（二）翻译研究在翻译教学中的应用

郭：您在机器翻译译后编辑方面颇有研究，发表了很多篇相关论文。您能分享一下背后的主要驱动因素吗？

李：我在英国曼彻斯特大学攻读硕士和博士期间，研究方向都是乔姆斯基生成语法框架下的句法学，对句法学中的很多理论和规则都有很深的感情。从英国留学回来时，国内关于句法学的研究和相关资料很少，我的研究也几乎中断。句法学是一门理论性很强的学科，非常抽象，有数学及逻辑的基础应用，对学习语言的人们来说，好比是天体物理。我始终希望能把我学到的句法学理论知识投入到某一领域应用场景中，机器翻译译后编辑成了一个很好的落地点。句法学知识对基于规则的机器翻译研究有一定帮助，这也是我近年来研究机器翻译译后编辑的根本原因。

我是乔姆斯基的追随者。乔姆斯基的句法规则对 20 世纪 50 年代刚刚萌芽的机器翻译做出了很大贡献。机器翻译研究需要巨大的人力和财力支撑，靠一两个人单枪匹马的研究是做不起来的。我这个语言学背景的研究者能在机器翻译领域做点什么呢？我通过翻译实践发现机器翻译错误的重复率相当高。进一步研究发现，机器翻译的错误中有很大比例是词汇和句法上的错误，这就需要精通语言的人来做译后编辑。2007 年我开始做的第一个机器翻译译后编辑教育部项目，就是想实现译后编辑自动化的设想。目的是减少机器翻译中重复性高的错误，提高翻译质量，减轻译后编辑人工的负担。后来越研究越发现译后编辑是一个非常值得探讨的领域，就一直持续到现在。神经网络机器翻译面世后，机器翻译的质量大大提升，使得译后编辑成为提高翻译效率的一条捷径。最近两年业界迎来了译后编辑的热潮。不时有人对我说我的译后编辑研究很应时。哈哈！他们不知道我 2005 年开始做译后编辑时，post-editing 连个固定的中文术语都没有。我的教育部项目中就称它为“后译文编辑”。

郭：在学习了翻译技术并进行了相关研究之后，您最初的教学和现在的教学相比有什么不同吗？为什么会有这些不同呢？

李：我对技术在语言研究、教学及实践中的应用特别感兴趣。以“英语技术写作”这门课为例吧，技术写作也称技术传播，就是技术在语言教学中应用的典型案例。在这门课上，学生写作的目的不仅仅是为了学习英语写作。这门课上语言和技术都是写作的工具。我除了给本科生上这门课外，今年也开始给 MTI 学生开设了这门课。它虽然不是直接教翻译，但是和翻译相关性很大。技术写作中会涉及很多与翻译相关的内容。一些翻译专业的学生毕业后会选择在技术传播行业工作。这门课我从 2006 年开始已经教了十五年，经过这么多年的打磨，已发展到今天的 3.0 版本。

2006—2010 年可看成是英语技术写作的 1.0 版，那时的课名叫“英语应用文写作”。最初的时候，我就是按照教科书来讲，教学生怎么写诸如商业信函、电子邮件、简历、广告、感谢信等英语应用文。

另外，根据上课内容让学生做一些小项目，如为产品做一则小广告、做一张小报等。2017 年时，我与同济物理系教育技术方向的老师一起研发了“实用英语写作教学平台”。这个平台在当时算是比较领先的，给教学带来很多便利。平台投入使用后，不仅我上这门课用，其他老师上课也用这个平台。这个平台一直运行了十多年，有十多位老师五十多门课在使用该平台。2009 年这门课被评为同济大学精品课程。所以，我很早就尝到了技术给教学带来的红利。

接下来 2011—2015 年，这门课更名为“实用英语写作”，进入 2.0 版本。这个时期我摸索出了一个“专业知识 + 职业素质”复合能力培养模式。采用过程式和项目式交叉的开放式教学法，体现出“教学内容项目化，素质培养课堂化”的特色。我把同学分为三到五个人一组。课上学知识，课下做项目。通过做项目的方式让学生学会相互沟通，团队合作，培养他们的职业能力和职业素质。学生们很喜欢上这门课。很多年后我才知道这门课当时在我校 BBS 上学生坊间传为“同济大学十大最爱课程”之一。

我从 21 世纪初就开始研究机器翻译，和业界的交流比较多。2015 年参加业界的一次大会与业界人士沟通时，我了解到技术传播这个概念，发现这个领域所涉及的内容与我在实用英语写作课上教授的内容不谋而合。技术传播在国外已经有一百多年的历史了，像微软、惠普、IBM 这类大企业都有专门的技术传播团队，中国的华为、中兴等企业现在也有了专门的技术传播团队，但中国几乎没有高校开设技术传播课程。我对技术传播这个领域充满了好奇心。

2016—2017 年我参加了国内几乎所有与技术传播相关的培训和会议，英语技术写作 3.0 版本也因此产生。在这个版本里，2017 年我带着一届学生做的项目是给 Megalink 开发的技术写作工具写一个英文使用指南。这是一家开发技术写作软件平台的公司。在这个软件平台上写这款软件平台的说明书，这事很好玩。我给两个班的学生请了十五个企业导师，每个导师带四五位一组的学生完成平台某个部分的说明书撰写。他们不是用 Word 文档格式，而是用 XML 格式，用 DITA 语言进行写作。到这时，这门课已不再是语言专业传统意义上的写作课了。写作和技术一样，都是信息传播的工具。今年，这门课正式为 MTI 的学生开设。

我以“英语技术写作”这门课的教学模式变化为例，是想说科技不断发展，我也在不断学习和调整。把对技术的研究成果应用到我的教学中去，让学生做到经世致用，学到的东西与社会发展和社会需求接轨。

郭：您觉得在机器翻译盛行的 AI 时代，一名优秀的翻译教师应该具有怎样的能力或特质？

李：我觉得最重要的首先是扎实的语言功底和翻译知识储备。虽然我总是跟学生强调翻译技术的重要性，但是语言方面的能力还是第一位的。第二就是要有大量的翻译实践。我一直都在不断地做翻译项目，锻炼和检验自己的双语能力。一个老师只有自己动手实践过才知道翻译的难点在哪里，翻译过程中应该专注什么，是图文排版，还是语料库、术语库等方面的问题。如果自己都没做过，经验不足，又怎么指导学生进行实践呢？第三点是要会一些基本的翻译技术，并且能敏锐地洞察翻译技术的发展动向和发展前景。现在的翻译早就不是原来那样只需要纸和笔就能完成翻译任务的时代了。翻译教师必须要关注翻译技术，能够判断一个软件是否好用，把最合适、最先进的翻译技术工具推荐给学生。这些都是在帮助学生培养一种技术思维，解决实际做翻译时遇到的问题。至于耐心、负责还有其他的一些特质，我觉得是所有的优秀教师都应该具备的。上面三点主要是针对翻译教师来说的。

（三）人生经历与翻译教学

郭： 您是早期的留英博士。国内和国外的教育教学方式肯定有许多不同之处，在曼彻斯特大学五年的求学经历对您之后的翻译教学有什么影响？

李： 在英国接受的教育对我整个人生的影响都非常大。英国大学的教学以及做研究的方式，不仅影响了我的教学和研究，也影响了我做的其他工作和日常生活。以写论文为例，我在英国读书的时候，论文里不能出现“据说”“近期”这种模糊的字眼，否则会被教授狠狠地批评。你写出来的内容必须有可靠的论据支撑，这样你才能给出一个结论。到了考试的时候，基本没有选择、填空这种客观题，都是主观题为主。即使是做名词解释，你也不能想着把书上的概念背下来就完事了，必须解释出你自己的想法。上面说的是严谨的治学态度和对创造性思维的重视，对我之后的教学影响还是很大的。

郭： 我发现在您的教学活动中经常把学生分成小组做项目，把企业专家请进学校指导学生等，这种“校企结合，小组合作”的教学模式是怎么形成的？

李： 从英国回来后，我在同济外办工作了一段时间。同济的国际合作做得很好。联合国环境署与同济的环境学院有很多合作，当时有个合作项目是 Asian Pacific Leadership Training Program，为期一周。从制定方案到最后圆满结束，我全程参与了整个培训过程。联合国过来的官员对学生的培训模式就是边干边学，培训第一天开始就给学生一个明确的目标，一边上课，一边做项目。等到一周课程结束时，一个项目，或者说一个产品，也就完成了。我觉得这种教学模式很有意思，也有利于培养学生的职业素养。受这个培训模式的启发，我对几乎所有课的教学都进行了一些调整。把上课和考核的形式改成了做课外项目，让学生以小组为单位做报纸、广告视频等。到了期末，学生要在面试官面前展示并介绍自己的产品，阐释整个设计的初衷，产品某一点的设计理由以及自己做出的贡献，而且小组之间也要进行比拼。面试官都是我请过来当导师的企业专家，他们一眼就能看出来一个产品的闪光点和不足之处。当然，这种调整也要考虑很多因素，例如导师什么时候介入，如何在没有报酬的情况下让企业导师和学校教师一样激情澎湃，等等。总之，源头就是我做过的这个联合国培训项目，因为我亲自参与了整个过程，所以我很了解具体要怎么操作。这份经历的收获在我后来的教学工作中体现了出来，这也说明：人生没有白走的路，每一步都会留下印记。

（四）女性身份与职业发展

郭：您曾经担任过同济大学外国语学院主持工作的副院长，能不能分享一下您是如何从教学岗位走上管理岗位的？作为女性，在这个过程中您遇到过什么困难和挑战？

李：我去英国留学之前，就在同济当了一段时间的外语系系主任秘书，因此积累了一些管理经验。1999 年我在英国博士毕业后决定回国。回国后我毫不犹豫地回了同济。当时文科的留英博士很少。回国后不久，学校就把我放到了管理岗位上。先是去校长办公室挂职锻炼，后来派我去 2010 世博会申办办公室申博半年。这段珍贵的经历让我懂得了许多国际外交、政治和经济方面的事务。我很荣幸有机会参与世博会申办工作，带领一个十一人团队为争取国际上对中国的支持，为最终成功把世博会带回家立下汗马功劳。

回校后，我被安排去学校的外事办公室工作，然后回外国语学院主持工作。也就是说，不是我选择了走上管理岗位，而是管理岗位选择了我。在管理岗位上，我做了整整十年的行政工作，有了不少收获。但同时也有遗憾，我的语言学研究几乎中断，部分原因是因为当时互联网不发达。国内几乎没有我在英国做句法学研究时的资料，感觉就像被斩断了翅膀。后来不做行政之后，我挺开心的，因为这样我就有时间专注于做自己的研究了。至于性别，这个是没办法改变的，我觉得不必刻意强调自己是女性，放大性别差异。在中国，尤其是在外文学院这个女性居多的大环境中，我一路走来没有感受到多少因性别导致的困难和挑战。总之，不要因为性别而自我设限。

郭：在学校里您是对翻译技术、技术传播等领域颇有研究的教师，在社会上您是上海市的市人大代表，在家中您是妻子和母亲。您是如何平衡这些不同角色之间的关系的呢？

李：要做的事情有很多，但这些事情有轻重缓急之分。只要合理安排，一般可以处理好，而且不同的社会角色之间是有关联的。比如说在学校上课，在每周固定的上课时间内，我必须给学生上课。这个是雷打不动的，但其他的时间我可以自主安排。人大代表这个社会角色也是可以与我的教师角色相关的。比如我现在花费大量时间和精力研究的技术写作，国内的市场需求非常大，而人才培养却远远滞后。所以，在今年初人大会议期间，我卖力地呼吁要重视技术传播在国内的普及和应用，建议把国外先进的传播技术引入中国。我在各种场合呼吁，已经有了一些成效。你可以看到，这两个角色之间是有关联的，甚至是相互促进的。

郭：请问您有哪些箴言或寄语送给有志于成为翻译教师的女性？

李：保持一颗对新事物的好奇心，不断挑战自己。除了之前说过的翻译教师要有的能力和特质以外，我觉得这一点是最重要的。有了好奇心，做起事情来就会干劲满满。因为对新事物感兴趣，所以想了解，那么学习起来就不累。

访谈后记

访谈不知不觉中结束了，但李梅老师独特的个人风采已深深刻在了我的脑海。她用自身经历，诠释了什么是“学高为师，身正为范”。学高为师——从赴英留学深造、大量进行翻译实践到普及推广翻译技术，李老师一直在不断提高自身专业知识素养，做到了“要给学生一碗水，自己先有一桶水，而且这水是长流水”。身正为范——除了教给学生与时俱进的翻译技术，李老师还用自身的品行影响和指导着学生。例如，在访谈中她提到，她教学生要常怀感恩之心，言行举止要文明等。李梅老师送给年轻教师的箴言时说，除了知识技能以外，很重要的一点就是：保持好奇，不断挑战自己。我想，这就是“好奇可抵岁月漫长”吧。

初心不改，爱岗敬业

专访华中师范大学胡德香教授

受访者简介：胡德香，华中师范大学外国语学院教授，博士，硕士生导师，曾任翻译研究中心主任。先后主持或参与国家、省级、校级项目多项。主要研究方向为翻译理论与实践、中西译论比较、翻译批评等。主讲课程有“翻译理论与技巧”“翻译批评”等。在《翻译季刊》《外国语文研究》《外语学刊》《外国语》《解放军外语学院学报》等学术期刊发表论文十余篇；出版专著《翻译批评新思路——中西比较语境下的文化翻译批评》，主编教材《英语散文汉译选读》《汉语散文英译选读》等。

采访人：楚薇薇，复旦大学外文学院2019级英语笔译专业研究生

（一）热爱中英双语，拥抱翻译

楚薇薇（以下简称“楚”）：根据学校官网的介绍，您教授综合英语、阅读、翻译理论与技巧、翻译批评等，在您所教的课程中，您最喜欢教授哪门课?

胡德香（以下简称“胡”）：我当然最喜欢上翻译课了！现在基本上综合英语、阅读等课程都不上了，专门上本科生和研究生的翻译课。本科生有笔译实践课，文学翻译（第二学期），新生研讨课（翻译导论）；翻译理论与技巧（英译汉，汉译英）；研究生的课程包括翻译学、人文社科汉译英。全是翻译课。

楚：您认为翻译最大的魅力是什么？英语语言文学有很多方向，为什么选择从事翻译教学与研究?

胡：这可能和我个人兴趣爱好有关。我打小就爱好语言，对语言比较敏感，对中英双语都很感兴趣。我对西方文化很感兴趣，才学习了英语。学习了英语以后，就觉得汉语很重要，中国文化博大精深，语言文字充满了魅力！这让我不愿意放弃。正好有翻译，真是太好了！这很契合我的想法，能兼顾中文和英文两个方面，其他专业不具有这样的优势。读硕士也是这样。90 年代，没有翻译专业，只有英语。当时我们有导师是指导翻译方向的博士生，我立刻选了华东师范大学张春柏教授。

楚：我认为老师也是十分幸福的，能够把爱好当作事业来做。

胡：从这个意义上来说，确实是这样的。

（二）怀揣敬业之心，走进课堂

楚：此次新冠肺炎疫情席卷全球，很多地区都遭受很大损失，湖北武汉是此次疫情的重灾区，高校也相应地做出了调整，改成了线上教学。请问您在线上是如何指导学生的翻译实践的？

胡：这学期确实很艰难，做了一些探索。一是批改作业从线下移到了线上，我感觉更累一点。一开始是全员批改，比较吃力，一周下来几乎天天都在改作业。虽然改得很痛苦，但是电脑上的批改可以显示修改的模式。后来改成按小组提交的模式，这样我就只需改 10 份左右的作业。

二是要课堂的反馈。因为疫情原因，网络课的效果很难保证，如果讲的内容与学生自己做的关系不大，他们就很容易走神。拿本科生的翻译实践课来说，两节课大致讲一节半课的时间，剩下时间，学生提问，或进行讨论。这样下来，学生反馈课堂效果非常好，参与度很高。因为讲的都是学生自己的作业，特别有针对性，几乎是在进行一对一的辅导，他们会觉得没有什么时候的作业可以得到这么细致的反馈。

三是要提高学生的参与度，带动课堂气氛。我觉得翻译实践课的关键还是要学生动手，学生参与。我早上刚刚看完学生提交的期末总结，他们普遍觉得这样的实践课收获特别大，也有很多同学说这是他们这学期最喜欢的一门课。他们中有人把平时的作业截图等都整理成了一个文档或者 PPT，有的人做成了一个册子，有目录有插图，简直成了艺术作品，特别漂亮，真的特别棒！

总之，我也很享受课堂，更为重要的是，学生要感到自己有所提高，这就要不断地从改作业当中才能获得。回想起来，这学期的辛苦真的很值得！

楚：您能和我们分享一下您的教学理念和方法吗？

胡：我的教学理念主要是注重学生的“自学”，学生自己要有意识地学，主动地去学。教师如何引导就十分重要，要让学生想学，自己去动手。因此，你布置什么样的作业、营造什么样的课堂气氛就很关键，要让他们有话可说，也愿意说。

学习并不是纯粹地灌输知识，老师的作用是一个引路人。例如，翻译技巧。我们在基础课中都会学习到翻译技巧，为什么学生会觉得有些课程很乏味呢？就是因为老师在满堂灌，讲技巧，增词法、减词法等等，再举例说明这句话的翻译用到了什么方法。这对学生的帮助不是很大，他们感到厌倦了，很容易走神。特别是在网络课上，即便在课堂上，这样长篇的分享也不能占据全部的时间，应该让学生参与。

其实我们的学生都是很有才的，即便其他不是实践性的课程，例如文学翻译这门课，我也让学生充分发表意见。比方说文学翻译我会给他们布置赏析，每周都会给他们一篇文章，配上译文，讲完要点就来欣赏译文。学生可积极了！学生的参与度相当高，都争着抢着来发言，你不知道他们多有创造力！他们多有思想！所以我觉得很惊喜，你只要把这个主动权让给学生，学生会非常高兴的。

（三）不改教育初心，理念升级

楚：请问翻译实践对您的翻译教学有什么促进作用呢？

胡：教翻译要有一定的实践能力，这些年的翻译教学积累，社会上多多少少有一些社会服务。这些实践对于教学来说很有帮助，我深有体会。课堂上，你不能教给学生太多教条的、课本上的东西。有时候，实践和理论还是挺有距离的。做一点实践很有帮助，但更多的我觉得还是需要具备一种判断能力和对双语的驾驭能力。虽然我们做得不多，但哪个译得好，哪个译得不好，一定要有一个基本的判断。这也是作为翻译老师的必备修养和素质，如果连这都没有，怎么能服众呢？学生很厉害的，很有判断能力，你不能说服他，他就会对你失去信任。

楚：胡老师所说的就是翻译教师的翻译能力要强。请问老师的翻译能力是如何成长进步的呢？

胡：要成长就需要多读书，多积累。中英文平时都需要加强阅读。翻译有机会就要做，特别是年轻的时候。最近，我还帮别人出出题，前两年，我会帮忙审校某些期刊目录的翻译。去年也带学生做了阿里巴巴的翻译，学生做，我亲自去改，去把关，等于自己也要翻。年轻的时候就需要自己翻，现在更多的是改稿评审等，但也要拿出一定的判断能力。2019 年，国家社科院的一个项目需要翻译中国古典哲学，程颐、程颢、朱熹的理学之类的介绍，我翻了一部分，反馈是非常好的。在外面做翻译的时候，别人会有一个反馈，可以从中获得一定的成长。

楚：回顾您的教学生涯，在培养学生知识、能力和素质方面，和您刚入职时相比，有什么大的变化？

胡：随着阅历的增长，经验会越来越丰富。年轻的时候，传授书本知识会更多一点，书上有什么，就把书上的知识“搬”到课堂上教给学生，还会花很多精力找一些有趣的例子，怎么去翻。但真正重要的是对学生能力和思想意识上的培养。对一个学生来说，学习是一方面，一个人的自立、思维能力的培养是更重要的一方面。他们要在这个社会上立足，要成为“自己”，他们就需要有思想，而不是人云亦云，不能跟风。回顾教学生涯，我觉得教育的理念和思路越来越清晰，任何课上，我都会灌输给学生一定要有自己的判断能力。比方说翻译方面，有一些名家作品，我给研究生上名译赏析，让他们提出批评意见。告诫学生，不要一看到大家名家的作品就拜倒在他的脚下，完全没有自己的思考，其实有很多翻译是有问题的。学生也发现了。

凡事要形成自己的观点。

（四）安排缓急轻重，井然有序

楚：您现在教授的课程很多，科研成果很丰硕，2019 年您还担任翻译研究中心主任，您也是多重身份，承担很多责任。老师有没有遇到过任务紧迫、压力大的时候？

胡：那当然有了。不当主任，普通的老师有的时候也会觉得压力大。为什么？因为很在乎自己这几门课，每周的课要上好，就要提前准备，学生的作业要提前改完，时间就很紧迫。中间总会有这样那样的事情，计划外的事情会比较多。一个学生会拿篇文章来问这个怎么翻，另一个学生说要留学需要帮忙写封推荐信，等等，这会对自己的精力有所干扰，你就需要权衡。

楚：您在平衡教学、科研和学生事务时，具体怎么操作呢？

胡：首先要做一个紧急程度判断。你需要权衡，事情急就需要先处理。比方这个学期的答辩季，外校评审的论文也是铺天盖地，几乎都同时涌来，加上自己也有学生毕业，也有指导的研究生要答辩，所以论文成堆，这几个月真的够呛。五月底答辩结束才松了一口气，六月还算好一点。你要权衡哪个事情很紧急，只能按时间表来。比如一上午就要处理好几件事情。回复邮件要随时解决，不能积压，稍微放一放可能过两天就忘了。总是处于一种比较忙的状态，别人不理解，但是我们学校英语系的老师几乎都是这个状态。

楚：正如老师所说的，忙碌的工作，留给研究的时间很少，这是否会影响您的翻译研究？

胡：确实。但我认为这是阶段性的。人在年轻的时候，主要精力放在个人成长方面。现在，我主要是帮助他人做科研，例如帮助学生做科研。学生申请各种项目，你要指导他帮助他，这花了很多的精力，加上年龄原因，我自己的科研做得相对少了很多。

（五）常怀感恩之心，不断努力

楚：听说您家庭生活非常幸福，作为女性翻译教师，工作和生活中所面临的最大挑战是什么？

胡：女性，需要兼顾家庭和事业。我也谈不上什么成功，就是比较顺，可能和我先生有关，他做出了一定的牺牲，他非常支持我和我的事业，我就会有一个比较宽松的环境。家庭首先要以和谐为主。你的另一半，他和你的想法是一致的，他能支持你，你就会觉得有了动力去奋斗，去做自己想做的事情。我从专科学校毕业，去读硕士、博士，这样一路走来，也是慢慢走的，比较顺其自然。我也没有刻意要做什么，也没有特别大的野心，而是随遇而安，没有要求太高，觉得还行就很满足了。

楚：老师很知足，对生活很感恩。

胡：知足常乐嘛。

楚：女性教师最突出的优势是什么？

胡：我觉得优势就是感情细腻，对学生来说比较容易接近，比较容易去体贴，站在学生的角度思考问题，比较容易和学生打成一片，做朋友。我跟很多学生之间就是一种朋友关系。学生私下里都叫我“香香”老师，就这么喊我。学生在邮件、QQ都是这么称呼，我感觉很亲切。这也是女性的优势。而且，我们很大一个优势是，我们学校本身女生就多。

楚：请问，作为一名优秀的教师，应该具备什么样的品格呢？是否可以用几个关键词概括一下？

胡：作为一名优秀的教师，我觉得首先要敬业，对自己的职业要有敬畏之心。再就是谦虚，你不要以为自己了不起，自己读了硕士、博士就如何如何。老师虽然知识积累、经验的积累要比学生强一些，但我还是相信教学相长，从学生那里我可以学到很多，所以我很乐意和学生进行平等的讨论，我很喜欢这样一种氛围，而不是老师单纯的传道授业解惑，当然这个也要有，但我觉得要平等，要尊重学生。

楚：您觉得成为优秀的女教师这条路上，您自身哪些方面还需要加强吗?

胡：我觉得各方面都需要加强。刚才说的都是一种理想的追求，做得也还不够。因为时间、精力的关系，我现在确实感到年龄大了，有的时候会有懈怠，对自己有放松的时候。放松的思想是要不得的。在任何时候都要积极进取。当下，特别在研究方面做得还是很不够，挺惭愧的。

访谈后记

虽然和胡老师线上交流才短短几个小时，但是隔着网络我都能感受到胡德香教授对翻译的热忱，对教学的追求和对学生的关爱。胡老师认为，只要学生能学有所得，能成为一个有判断力的人，她就感到一切辛苦都是值得的。胡老师的爱岗敬业之心深深触动了我。胡老师不断进取，重视每一门课，尊重爱护学生，她的学生们亲切地称她为“香香”老师。访谈结束时，我也称她“香香”老师，她对我说，要是有不理解或者困惑的地方都可以去找她。对于一个素未谋面的学生，胡老师都能给予帮助和关爱，我很感动，也非常庆幸自己有这样宝贵的机会和卓越的老师对话!

精耕口译，锐意进取

专访厦门大学陈菁教授

受访者简介：陈菁，厦门大学外文学院教授、博士生导师、院长，兼任中国翻译协会口译委员会副主任、福建省翻译协会副会长、福建省外文学会副会长等职。入选教育部新世纪优秀人才支持计划和福建省新世纪优秀人才支持计划。研究领域为口译学，在*Interpreting*，*Meta*，*Interpreter and Translator Trainer*，*Language Assessment Quarterly*，《中国翻译》等国内外重要学术期刊和国家级出版社发布口译成果，主持国家社科基金重点项目（2018）、国家社科基金一般项目（2019）以及欧盟重大课题等；编写多套国家级规划口译教材。

采访人：陆惠欣，复旦大学外文学院2019级英语口译专业研究生

（一）入职：在团队中成长

陆惠欣（以下简称“陆”）：请问陈老师，您在刚刚开始口译方向教学的时候，有没有遇到过一些教学上的困难呢？

陈菁（以下简称“陈”）：困难还是蛮多的，因为厦大的口译教学在全国是开设较早的，我们在 80 年代初就开始口语教学了。那时候，全国开口译教学的高校非常少，我们的学科创始人林郁如教授，之前在学校的国际处做翻译时，因为没有经过专业口译训练而亲身经历了很尴尬的事情。以前很多人认为只要自己英语好，就可以去做口译，但实际上，英语好跟做口译之间还不能画等号。林老师较早意识到口译人才是需要专门培养的，所以，从那时候起，她就在我们学校外文系里开设口译课。我在研究生毕业之后留校，就加入了这个团队，大家一起摸索着去上口译课。这是一件开天辟地的事情，前人可以提供的经验和借鉴非常少，所以我们一切从头开始，探索口译课应该怎么上，我们学生的期待是什么，学好了以后该如何服务社会等。

那时候是改革开放初期，对口译人才、对语言交流人才的需求量非常大，我们就摸索着把课上起来。你可以想象那时候的困难有多大，没有教材、没有现成的课程体系、没有教学大纲，什么都没有，我们从头做。

陆：厦门大学的口译教学是以口译团队进行的。我看过您之前的一篇采访，其中提到口译团队会经常一块讨论、科研、策划活动，每个人提出的想法都要被其余六个人评判，您用了个词叫“拍砖”。那种团队讨论会给每个老师或者说给您带来了哪些成长呢？

陈：成长可大了。厦大口译有一个很大的特色就是我们的口译团队。当你要做一件事情的时候，从头去开拓的时候，一定要有一个团队。所以，那时候林郁如教授就非常有团队意识，构建了这样一个团队。我当时是作为一个年轻的成员、刚刚毕业留校的老师参加了这个团队，亲历了在团队当中怎么成长、怎么融入、怎样改变自己的整个过程。刚开始小组讨论问题的时候，我作为最年轻的老师，有时候不敢发声，但后来发现团队的氛围是非常公开、平等的，大家都是完全从学术开放的角度来讨论问题，我也学着慢慢发出自己的声音，到后来我甚至会去挑战比自己年长的老师，在整个交流的过程当中，觉得非常快乐。我就慢慢地在团队里成长，到某一天突然发现团队的担子落在我的肩膀上。因为自己有这种成长的经历，就试着把这种文化继续传递给下一届团队。我们的团队就这样一代接一代地成长起来。我们也在不断地创新，团队的年轻人会带来新鲜的东西，给团队输入新鲜的血液。年长的老师可以从更多的角度，从自身的经历和经验出发，贡献自己的智慧。所以这样的互动、联动是非常有意思的。

陆：厦大口译团队都经历过哪些创新呢？您能不能具体举个例子？

陈：我们的创新可多了，我们整个成长的路就是吃螃蟹的路，创新的路。“厦大口译训练模式”，也是很大的创新。当时大家上口译课的模式都是这样的：比如说今天拿一篇关于外贸的材料，学生练完了以后老师点评，学生再练习，老师再点评，基本遵循的就是这样的上课模式。但经过一段时间，发现效果并不是很好。学生可能大致掌握了这一篇材料的处理方法，但是遇到其他的篇章又会出现其他的问题，没有解决“职业译员应该具备怎样的素质，怎么去培养这种素质”的核心问题。所以，我们在 1999 年推出了“厦大口译训练模式”，是以技能为主线的训练模式。后来，我们觉得模式还需要再做一些改善和拓展，又推出了“厦大口译训练模式”的拓展版。近些年来，信息技术对口译行业、口译职业和口译教育冲击很大，我们又把信息化融进了口译教育，现在我们还有手语翻译，还有很多老师从社区口译的角度来做各种研究，不断地创新，更新自己的理念，创新自己的教育方法。

陆：在这个过程中，每个老师应该都有很大的提高和自己的成长。

（二）创新：架起学生和职场的桥梁

陆：您刚刚提到，英语好，其实不一定能做口译，但是现在有很多口译教师，其实是从口译译员的身份转化过来的。那您认为好的口译译员可以成为一名好的口译教师吗？对这两个角色的要求有什么异同吗？

陈：当然是有很大的不一样。首先你的职责、角色是老师，所以应该有老师的基本素养。比如说教师所了解和掌握的知识传递给学生，是需要通过恰当的方法、途径和秘诀的。这些知识学生有没有接收到，也需要教师自己去衡量考核。教师的作用就是要在陌生知识的传授和学生的掌握能力之间架起桥梁。作为口译译员，你的口译能力很强，实战经验很丰富，但是要成为好老师，这只是你需要的知识构架和能力的一部分，而作为老师的其他素养和素质是同样重要甚至更重要的。所以，两者之间是完全不能画等号的。

陆：是的。那么当下这些从译员身份转变而来的青年教师需要完成哪些功课，才能更好地完成角色转换呢？

陈：他们需要更多的思考，思考教师这个角色应该承担的任务，思考教师的职责是什么，还要考虑学生、教学环境、教学资源等。原来作为职业译员，他的服务对象是听众或者是客户，现在作为老师，服务对象是学生。学生变成了你的客户，这个转变是非常大的。原来作为译员，你只要把信息用合适的方式传递出去，就完成了作为译员应该完成的任务。但是，作为老师，怎么让学生得到满足，怎么让学生有收获，是需要另外考虑的更大的问题。

陆：您刚刚也提到了，口译课堂，是为了培养学生能力，满足学生期待以及社会的期待，为社会培养人才。那您在上课过程中是如何将口译课堂与未来职场相联系的呢？

陈：这个问题非常好。因为在口译课堂中，我们应该实现多种融合，其中一个融合就是要把课堂跟职场相融合。我们最后就是要用学到的东西去服务社会、服务市场。所以，我们在教学过程当中，就应该把职场的东西引进来，这其中有很多层面的事情可以做。比如可以请外面的职业译员走进我们的课堂，请口译用户走进我们的课堂。我们可以请工作中会大量使用译员的公司主管到课堂里来讲一讲，他期待的译员是什么样子的，他们的期待和需求是什么。此外，请进来的同时，我们也可以走出去，让我们的学生去做各种实战，走进职场，老师做会议的时候也把学生带上，等等。

另外，我觉得还有一个很重要的部分，在我们的课程设计当中要把职场的元素融入进去。在厦大，我们有一门课叫“模拟会议”，完全模拟真实场合当中的口译场景，把它搬到我们的课堂。我们可能会请真正的专业人士来讲话，比如请医学院的学生来给我们介绍医学知识，请法学院的老师来给我们介绍法律的相关知识。所以，讲话人是真实的讲话人，我们的学生扮演译员。同时，我们还会邀请一些嘉宾——别的班的老师或同学，作为听众加入我们的课堂。另外，教材的选用、评价方式、口译场景的设计，都会考虑真实的口译场景，来多维度开展我们的教学设计、课程设计、课堂组织和课堂评价。

陆：您提到的这门“模拟会议”的课程，我觉得非常新颖，也能让学生更好地接触未来的职场，看到更加真实的一面。那您在上这门模拟会议课的时候有没有遇到过一些困难，或者您是如何把这些未来职场所需要的译员素质传递给学生，满足学生期待的呢？

陈：其实，在整个过程当中，学生自己就会去领会思考，到底职业译员应该具备怎样的素质，我应该怎么做才能达到完成这场口译的目标。所以，在学的过程当中，他已经在领会了。这比我们在课堂当中讲，职业译员应该怎么做，是什么样子，效果会好很多，因为他自己亲身去体会了。教师应该对职场有非常好的了解，能够把真实的职场带进课堂，而不是将一个曲解了的或者理解不全面的职场带进课堂，那是一个基本的要求。作为老师，更重要的是架起学生与职场的桥梁。

其实这门课我没有上过，但我们团队的老师，像肖晓燕和邓轶老师都在上，很受学生欢迎，但也是挑战非常大的一门课。老师需要非常多的额外付出，要用自己的人脉去找各种讲话人进课堂，还要做各种评估、组织，耗费大量的精力，但老师们都觉得这样做是非常有价值的。

（三）发展：从口译教学走向口译教师的培训

陆：厦门大学举办的“高校英语口译教师高级研修班”，您是不是也参加授课了呢？主要培养的是口译教师的哪些能力呢？

陈：我们是整个团队都参加授课，近三年研修班名称改为“厦大口译开放课堂”，针对全国高校的口译老师来开展。每次报名都非常积极踊跃，经常在报名截止日期之前名额就报满了。这些老师都是我们的同行、同事，我们借助这个平台跟他们交流，并不是培养他们的口译能力，而是培养他们作为口译教师的全方位的素养。

陆：您能不能简单介绍一下具体是如何培养的呢？

陈：我们会把课程分成几大模块，针对不同的课程，上示范课。我们老师亲自去上课，其他来自全国各地的同事同行们去感受我们是怎么上课的，可能会从中汲取一些他们觉得有借鉴价值的东西。我们还有对理论教学设计课程理念的介绍，介绍我们为什么这样设计，课程体系是什么，分享我们在口译研究当中最新的成果，解释为什么这些成果可以支持、反哺我们的口译教学。虽然时间只有两三天，但是我们想尽可能与口译教师进行全方位的交流。

陆：我们在选择示范课的时候有没有哪些侧重点？比如侧重凸显出示范老师的某种特质？

陈：我们是分不同的模块课程，比如低年级、高年级、研究生课程，交替传译、同声传译、视译课程，也分实践课、理论课，尽量把这些元素融进去，选取几门有代表性的课程。

陆：噢，每位老师都能从示范课中吸取到他所需的那些知识点和成长的地方。

（四）精进：从教学走向研究

陆：您之前是在剑桥访学过，那您在这段过程中，有没有体会到国内外的翻译教学有什么异同？

陈：在剑桥，我其实不是在做翻译的访学，而是测试的访学。因为我的研究领域之一是翻译测试、口译测试。剑桥没有翻译专业，也没有翻译教学。

陆：我之前读过您的一篇口译测试方面的论文《从 Bachman 交际法语言测试理论模式看口译测试中的重要因素》，您说口译能力分成三类，知识能力、技能能力和心理能力，这也是口译测试的内容。那么，在国内外的口译测试中，具体是如何客观地针对这三个能力进行评分的呢？

陈：其实我的论文还有第二篇，发表在第二年的第一期当中，讲一些具体的操作。你说的这篇文章是建立起一个框架，第二篇讲的是具体的操作。你看到的这篇是 2002 年的论文，2003 年还有一篇。但现在，国内关于口译测试质量评估的论文非常多，可以说是大家都非常关注的研究热点。所以，目前这方面的应用也更为扎实，更有研究的理论依据。更多年轻的学者会将实证研究的方法（实验、访谈）用在口译测试和口译质量评估的研究当中，这是一个值得关注的领域。

陆：现在还有很多机器翻译或者机器辅助翻译，您能不能谈谈如何针对机器翻译或者机器辅助翻译进行评分？

陈：现在这方面已经有人在做了。笔译相对研究的更多一点，但是口译方面的研究，机器辅助口译评估会少一些，因为口译有一些特殊的困难。但是信息技术对翻译行业的影响和冲击是前所未有的，需要你们这些年轻人去关注。社会上很多人说，现在机器要替代同传、替代口译，我们要失业了。当社会上有这种声音的时候，作为学习翻译专业的人，我们应该怎么看待这个问题？我们需要反思自己是不是人云亦云？是不是还可以有更深层次的探索、了解、思考？我们需要为众人给出我们的理解、我们的答复，作出我们的判断。

（五）成长之源：用心平衡每个角色

陆：陈老师，您作为一名女性教师，在翻译教学或者实践的过程中有没有遇到过哪些困难？或者您觉得有哪些优势？

陈：我觉得这种感觉不是特别明显，没有遇到特别的困难，也没有特别的优势，我觉得都是一样的。因为作为老师，只要你用心去对待你的工作，对待你的学生，所面对的困难几乎是一致的，得到的快乐也几乎是一致的。但是作为老师，女性教师可能会有一点优势，就是在关注学生需求的时候，可能会更细腻一点。其他方面，我感觉没有特别大的差别。

陆：那我们在口译实践的过程中，有没有对男译员或者女译员有不同的选择或者说有不同的倾向呢？

陈：据我所知，这种感觉不是特别的明显，可能会出现一些个案。但总体来说还是由你的能力决定。如果你的能力很强，对方也不会因为你是女性，就不选择你而去用能力相对弱的男性。但是如果两者能力相当，这个任务对体力的要求又很大的话，有个案出现，用人单位可能想选用男生。但总的来说，这不应该成为他们选择的重要标准。

陆：您现在作为厦大外文学院的院长，能不能分享一下如何从教学的岗位走上了管理的岗位呢？

陈：认真地去思考你的角色，用心地去对待你所做的事情，认真地去跟你需要交流的人、需要接触的人平等地公开地对话，我觉得这是做任何事情的核心。作为老师对待学生，作为译员对待客户、听众，作为院长对待同事，如果用这种方法来做的话，所有的道理都是一样的，所有的工作性质也都是一样的。

陆：很多老师都说过，在科研工作、教学工作和家庭之间找到一个平衡是非常困难的。我看您之前的采访也曾说过，在筹备海峡口译大赛的时候，厦大整个口译团队都非常忙碌，压力也很大，常常没有时间去给家里人做饭、照顾家人。那您能否与我们分享一下，您是如何平衡自己的工作和家庭的呢？

陈：我觉得你永远可以找到自己的节奏。当你要做一件事情的时候，你永远可以找到你工作和生活的节奏。任何时候你都要学会去平衡。学口译，我们的核心不就是多任务处理嘛。不管你做什么，不管你是什么角色，要学会平衡多个角色。自己要有这样的出发点，不能说我只要其中的一个，不要另外几个，这不是正确的态度。像我们作为母亲，作为女儿，作为妻子，作为妹妹，作为老师，作为研究者，这些都是我们的角色。你可以从这些角色里，找到你的定位、一个平衡点。一定要有这方面的意识，多思考、多谋划，怎样才能把所有的角色平衡好。家人的支持，当然是一定有的。不只是说作为女性需要家里的支持，作为男性在外工作，也需要家人的支持，都一样的。所以，在你的角色扮演过程当中，多一些理解、多一些换位思考、多一些设身处地，可能对于更好地完成这些角色有帮助。

陆：是的。其实对待家庭和老师对待课堂有一定程度上的类似。对于家人，如何理解他们的需求，与他们相处，和在课堂上如何了解学生的需求，和他们相处，其实是有一定共通的地方。

陈：对，是的。

陆：在访谈的最后，您能不能给青年翻译老师一些建议呢？

陈：好好享受你所做的事情。当你从中得到快乐的时候，你觉得任何的累都不是累。

陆：对，这也是一种成长。

陈：是的。谢谢您！

访谈后记

虽然对陈菁老师的采访结束了，但是陈老师的温柔耐心、创新进取以及对于教师这份职业的热爱令我深深折服。在一次学校毕业典礼代表教师发言中，陈菁老师曾将三个单词送给即将毕业、踏上未来征途的学生们：onwards，upwards 和 inwards。Onwards 喻指坚守初心，矢志前行；Upwards 字面意思是向上，喻指努力攀登，志存高远；Inwards 喻指守护内心，愉悦心灵。这三个单词让一个人的生命更加立体：Onwards 延伸生命的长度，Upwards 创造生命的高度，而 Inwards 拓展生命的宽度。从某种程度上来看，这三个词语也形象描绘了陈菁教授作为优秀教师的养成过程。心怀教育之火，身在三尺讲台，培育桃李无数！希望未来的我也可以像陈菁老师一样，心怀热爱，服务当下。

译而优则教，教而专则成

专访上海外国语大学张爱玲教授

受访者简介：张爱玲教授，博士生导师。现任上海外国语大学高翻学院院长、上海翻译专业学位教学指导委员会委员兼秘书长、上海市虹口区第十六届人大代表、致公党上外主委、中国译协口译专业委员会委员、全国翻译专业资格考试专家委员会委员。1995 年获批国家教委（教育部前身）访问学者项目，赴英国牛津大学进修，1998 年回到上外继续教学工作，先后获得上海市育才奖、上外教学成果特等奖、上海市教学成果一等奖、国家教学成果二等奖等奖项，主持上外校级重大项目、上海市研究生人才培养项目、国家社科基金项目、国家语委重点项目等科研项目，开设“会议口译实践与研究”等课程。主要研究方向为会议口译、二语习得，曾在《外国语》《中国翻译》、*English Today*，*Lebende Sprachen*，《东方翻译》等国内外刊物上发表论文多篇，并负责参与期刊、教材、词典的编写工作。主要译作有《新金融资本家》等。

采访人：水晶，复旦大学外文学院翻译研究方向博士生，美国布朗大学访问研究员

（一）机遇与挑战：高校英语教师从事会议口译

水晶（以下简称“水”）：张老师，您是上海外国语大学教授、博导，此外，您还有一个职业身份：联合国签约资深会议口译员，同传经验丰富。请问您是什么时候开始从事专业会议口译实践的？从事口译实践之初，遇到哪些困难？又是如何克服这些困难的呢？

张爱玲（以下简称“张”）：我的第一次同传经历是在1996年2月26—29日，当时和另一位同事搭档，为伦敦金融学院的一位教授讲金融领域培训课程做同传，忐忑地很认真地做准备，查术语，如本金、市盈率，等等。那几天的口译工作很充实、很有意思。我感觉上手挺快，大家也觉得效果不错，相关领导夸我说到底是科班出身。其实当时我只是英语专业背景，还没有接受过专业同传教育，算不上是同传科班。1998年回国以后，随着国际交流日益频繁，上海的国际会议多了起来，我就受邀和其他同事一起做了一些会议的同传工作。

2002年，当时上外筹建高级翻译学院，我也挺感兴趣的。下半年，刚好学校派我随一个教育代表团到英国和西欧出差，我的主要任务是安排具体访问行程和为这个代表团做口译。我们先去了英国，然后去了法国，在巴黎时抽空拜见了Daniel Gile——口译界的知名口译教授、研究学者，他很高兴上外设立会议口译专业，并欣然同意提供指导。从那时起，我觉得我基本上算是进入口译界了。

水：所以大家说，机遇和挑战总是并存的。勇于迎接挑战，才有可能抓住机遇。1995年您作为国家教委（教育部前身）访问学者，赴英国牛津大学英语系访问进修，能谈谈这段经历对您后来的职业定位有什么影响吗？

张：当年我通过一位前辈教授介绍，寄住在牛津郡海定藤的一对英国夫妇家，挺好的一家人，带着我周末一起去其他英国人家里做客，教我英国礼仪，亲身体验此前在书本上学的英国文化。住在他们家基本上是一种沉浸式环境，刚开始几个月，除了跟中国家里打电话之外，没有其他机会说中文。后来我通过朋友认识了在牛津大学工作的一些中国人，记得当时联系上他们以后，第一次听到异乡的乡音，激动得热泪盈眶。那个阶段自己的心路历程确实比较丰富，最重要的一点是，因为和英国当地人朝夕生活在一起，在文化和语言层面都有潜移默化的适应。去英国之前，在国内觉得自己英语还行啊，到当地之后就发现不是这样了。举一个例子，开始时我发现他们交谈中说到的一些当地的事情我不是很清楚，就会用 pardon 这个词来表示自己没听清，然后房东先生就会莞尔一笑，我意识到可能是用词不恰当。大家熟悉起来后我问他，他就问："你在哪儿学的英语啊？"我说："新概念英语啊，是你们英国人 L.G. Alexander 编的啊。"然后我的房东先生就说："你说的英语很像我祖父说的英语。"渐渐地，就这么一点一点地，我的英文表述方式，就越来越地道起来。我觉得这一点对于我后来回国后进入会议口译行业大有裨益。

当时我比较喜欢去牛津的博德莱安图书馆。这是英国第二大图书馆，据说全世界出版的每一本书，那儿都有一册，那个期间确实读了不少书。另外和当地人的深度沟通也是全方位的学习体验。我是在牛津学会的发电子邮件，文字处理也都是在牛津大学的计算机中心学会的。记得中心有一位年轻的管设备的同事，孩子还很小，刚学走路，我有时候会帮他看孩子，他教我文字处理。我的第一篇小论文投给 *English Today*，就是在中心完成的，那是一段难忘的经历。

水：2002 年 7 月，您已经拿到上外外国语言学与应用语言学博士学位，一年之后，上外高翻学院成立，您又开始在高翻学院会议口译专业全日制学习了两年时间。事实上，2003 年，您的学习经历、教学经验，还有会议口译经历，都已经很丰富了。您当时为什么还是决定要开始一段为期不短的专业学习呢?

张: 我第一次做口译好像是1986年，以后陆陆续续做过一些口译工作，觉得自己很喜欢这样的跨文化、跨语言工作。到2002年，上外成立高翻学院，筹建会议口译专业，我想，如果自己没有经历过专业学习，教学生可能就会找不着感觉。当时负责会议口译专业的外教也提醒我，要参加口译教学就需要有相关资历证书，不是博士学位，而是会议口译方向的证书。我觉得这句话对我的刺激挺深的，既然上外高翻学院的会议口译专业是和联合国、欧盟等国际组织专业机构合作，按照国际水准在建一个为期两年的会议口译专业证书项目，我就决定成为第一批学员了。经历了两年截然不同的压力和体验，应该说，我在牛津期间打下的语言基础、拓宽的知识面、以前做过的口译经历，都很有帮助。两年一点一点地这么过来，对我来说是另一段很重要的成长经历。

(二)专业与使命:专注会议口译教学

水: 2005年，拿到会议口译方向的证书，您就开始在高翻学院任教了吧?

张: 是的。翻译学硕士(MA in translation studies)是2003年底上外在外国语言文学一级学科下面自设、教育部备案的二级学科。既然我有实践的背景，那么在给MA的硕士同学们上课的时候，我也把实践融入教学当中。最早毕业的那两批同学，实践能力都很强。翻译和语言有区别，翻译用到语言，但是要会翻译仅仅会语言是不够的，语言只是一个先期的必备的条件，后端还需要掌握其他跟口笔译相关的技能，所以翻译教学跟语言教学不一样。2007年国务院学位办批准15所院校设翻译硕士专业学位，专业学位和学术学位各有侧重，教和学的方法都不一样。

水：您在高翻学院开设了多门课程，比如“交替传译”“同声传译”“口译研究方法”等，您也曾经在上外国际经济贸易管理学院教过翻译课程。您认为翻译专业和非翻译专业，在课程设置和教学方法上有哪些不同呢？

张：翻译专业和非专业翻译的课程，教法肯定不一样。我印象比较深的是，1998 年我回国后，给经贸学院四年级同学开“外刊选读课”，那时候中国要加入世贸组织，正是 WTO 谈判比较紧张的时候，记得当时我用的主要材料来源是 *The Economist*。那会儿可能还不是特别多的学生在看 *The Economist*，我们当时就结合了中国申请加入 WTO 的时事背景，用了比较多的相关材料，同学们很感兴趣，了解到关贸总协定等诸多历史背景信息。

专业翻译类的课程毕竟是专业技能教学，有专业教学本身的规律。专业翻译作为技能导向型教学，要让学生掌握核心技能以及行业操守，这一点特别重要。比如口译有它的自身特点，尤其是会议口译，对口译本身的技能要求很高。口译不是每个人与生俱来的自然能力，自然习惯应该是你问我答，然后你再反馈，这是自然而然的过程。可是做口译，要求译员要把别人的意思真正听明白，然后再用目标语重组后忠实地进行表述，还要保证目标语接收方能听懂。这个过程，如果不做口译的话，是根本不需要经历的。最近我们博士一年级的同学分享了一个有趣的研究发现，说到因为口译员要经历非常紧张的训练过程，能改善或者增强大脑某些部分的功能，经历这个过程可以有助于抑制或者推迟抑郁症和老年痴呆症的发生。

我在高翻学院开设的课程，有些是技能性、实践性较强的课程。如果是培训师资，就要求能“知其然还能知其所以然”。但是对于我们大部分的翻译硕士专业学位的学生来说，这些课程的技能性、操作性特别强，是在“做中学”的，教师得自己会做。本科生学习阶段特别需要打好通识基础，到了专业硕士生阶段，不能一上来就灌输大量的理论，学生有时候会带着太多预设的东西，反而学不起来，所以我觉得应该在实际操作中去教 / 学。等学生已经熟练掌握技能之后，可以给他们一些理论层面上的解释。比如说汉语跟英语之间的差别，中文里很多话题 / 述题结构，就是先确定话题再进行评价。比如："那棵树，叶子多，枝杈多，所以我没买。"那棵树其实是一个话题，后面是述题。了解汉语的这种结构之后，再把英语处理成汉语的时候，就能把汉语处理得特别地道。具体到教学，我们还是要强调能够把学生教会，一定不能有太多的解释，"所以然"应该是留着师资培训的时候，理论层面的解释就有价值了。

水：会议口译专业培养的是应用型的高端口译专门人才，服务于跨语言、跨文化的国际会议、商务交往等交际场合。您在学术论文和会议发言中多次强调翻译专业教学要注重跨学科性，注重学科和业界融通。请问是什么促使您开始重视跨学科性？对您的翻译教学有何改变？

张：谢谢你关注到我的观点。说到跨学科，我觉得挺有意思的，确实，口笔译过程本身不可能仅仅发生在一个领域。当然我们在这儿讨论的不是文学翻译。文学翻译的大家，像傅雷、朱生豪，他们不是教出来的。我们在这儿讨论的基本上是非文学翻译和口译教学，有其自身的技能发展过程。比如会议口译教学，我们先教学生学会话语分析，当然，口译教学中的话语分析跟语言学意义上的话语分析不一样，它有它自身的教学规律，只要尊重规律、尊重常识，就能把事情做好。

比如说给心脏外科医生做口译，译员永远不能真的像心脏科医生一样去给病人动手术。但是，你给一位心脏科医生做口译时必须用目标语说他的话，也就是说，心脏科医生说的话你都能听懂并能用目标语解释清楚。当然，这是在理论层面，实际的操作是专业技能。口译员需要什么都懂，经济、金融、贸易、航运、生理、心理这些可能都得懂，都得能说得出来，能解释。比较怕的就是对于某一个领域是完全的知识盲点，那往往就要一个一个去补上。另外，知识结构或者知识体系也挺重要，不是一点点碎片化的一些知识。我跟我们一年级的硕士生同学也会强调这些，他们刚进校的时候会觉得这一块那一块好像有太多东西要补，其实不仅仅是补的问题，能发现知识盲点也是好的，但是一个学科的知识体系要能构建起来，这个非常重要。年轻人可能有些着急，恨不得一天二十四小时全部花在练口译上，可是口译要有好多其他东西支撑。阅读面、知识面、思路、不同学科背景的知识体系，这些都是需要的。

水：说到人才培养，您早在 1999 年就获得上海市“育才奖”这一殊荣。在近 30 年的教学过程中，您的人才培养愿景是什么？跟您担任翻译教师之初相比，您现在更注重培养学生的哪些能力呢？

张：我觉得我们要培养学生具备思考能力，做善良理性的人。大家如果能做到相互尊重，这是最好的；如果某个人不能让你从心底里尊重的话，那起码还是要有公民素质。我觉得人还是应该有一些基本的素质，比如说做人要正直（integrity），做事要专业（professionalism），还有大家要尊重多样性（respect for diversity）。其实这三点也是联合国的三个核心价值，我觉得也可以用在很多其他方面。

前面我说过口译并不是一种自然习惯，所以学口译就意味着要建立一套习惯，确实认知挑战非常大，所以刚开始的时候可能需要一些猛药。能考进高翻学院的这些孩子都属于心气很高的，可能要把他们原来的那套习惯敲掉，然后重新再建，所以刚开始会是一个比较有挑战的过程。一方面我们爱护同学们，另外一方面，有时候需要像苏格拉底的那种教学方式，在教学生获得某种概念时，不是把这种概念直接告诉学生，而是先向学生提出问题，让学生回答，如果学生回答错了，也不直接纠正，而是提出另外相关的问题引导学生思考，从而一步一步得出正确的结论。在教学中，教师可能甚至自己会扮演一些角色，这样能给同学们一些启发。比如我会说：“你看，这不是一项简单的任务。首先，你确定这样做是正确的吗？第二，如果你确定是正确的，那么你就得准备好经历一个可能不那么愉快的过程。”

学生能力的培养，一直以来都是我们教学的重点。比如，会议口译专业目前培养的重点是英汉互译会议口译专业人才。学生必须掌握两种语言的综合运用能力：“母语”是译员最强的一种语言，要求译员对母语有完全的理解能力和娴熟的表达能力，运用非常自如、精确、得当，对语域和细微含义有精准的把握；非母语是译员掌握十分熟练的语言，要求译员对非母语有完全的理解能力和充分的表达能力。另外，我们还注重培养准确、清晰、有效地传达各种信息的能力，对信息逻辑的分析与总结能力，清楚表达思想的能力，良好的沟通技巧，快速获取知识的能力，灵敏的反应能力和强大的心理承受能力。

（三）规划与展望：探索专业翻译人才培养模式

水：张老师，您真的是怀着使命感在教学，在培养人才。近年来您一直致力于探索专业翻译人才培养模式研究，您对新形势下专业翻译人才培养模式的设想是什么？

张：特别感激你关注我们的专业翻译人才培养模式。我前面说到了口笔译的跨学科性，学科和业界、政产学研确实需要融通。我们在这方面进行了一些尝试。2016 年 10 月我们特聘日内瓦大学高翻学院的前任院长李汉娜教授跟我们一起成立了口笔译跨学科研究中心。从 2008 年开始，她还在做国际大学翻译学院联合会（CIUTI）主席的时候，就跟我们有比较多的接触，她确实在跨学科这方面有很多独到的见解和经验，所以我们当时请她来做我们的特聘教授和顾问，给我们自己的同学们，包括国内其他学校的同学们、同事们一个能够接触不同领域和学科的机会。口笔译专业人士不会是心脑血管方面的治疗专家，不会是人工智能方面的技术专家，但是，我们要了解这些不同领域的专业人士的话语体系特点，要有学习的好奇心，我们要能听得懂、能解释，大家起码有这个跨学科的意识和好奇心。

改革开放40年来，中国高等教育见证了诸多改革与创新，翻译专业教育作为中国专业学位教育重要一员，也迎来了新机遇和新挑战。要想把握机遇、迎接挑战，就必须看清翻译专业教育发展的深层次问题，回归专业学位教育本质，跳出仅限于高校层面的修修补补，从翻译专业学位教育全局出发，系统谋划，对其中的各个层次进行统筹考虑，认识到设置翻译博士专业学位的必要性，在人才培养上应重视学科和业界融通，保证学位获得者不仅具有坚实宽广的翻译基础理论和系统深入的行业专门知识，还要具备解决复杂问题、进行创新以及规划和组织实施研究开发工作的能力，从而成为为社会发展提供高质量专业服务的应用型研究人才。

水：您刚才提到了有必要设置翻译博士专业学位（DTI），请问您近年来对翻译博士专业学位设置有哪些思考和探索呢？

张：关于翻译专业学位，MTI已经有了，设置DTI还是有必要的。国家现在重视研究生专业学位，我们在这方面确实有很多可以做的事情。因为PHD是在理论层面、在哲学层面上去做总结、做观察、做思考，在专业学位这方面，比如说DTI，可能更多的是比较高层次的专业人才培养，对于这些口笔译专业的专业人士，我们会有一些期待。在专业博士人才培养方面，我们也可以借鉴一些国际经验，比如美国，他们的确发展得比我们成熟。

DTI人才培养需要立足于翻译产业、语言服务业发展需要，面向市场，并充分考虑社会的动态需求。业界专业人士在及时把握社会需求变化方面比高校导师有优势，有必要在培养方案的制定、招生工作的开展甚至培养全程中让业界资深专家参与进来，特别是在培养环节实行导师委员会集体指导制。翻译专业博士生可以由根据其专长背景及课题方向成立的导师委员会进行指导，导师委员会由具备资深专业背景的高校导师和行业导师组成，既包括有丰富从业经验、行业认可度高的资深口笔译专业人士，也包括与学生课题方向紧密联系的行业领域内技术专家，以保证翻译专业博士培养教育不会与社会发展形势和新技术变革脱节。

以高翻 DTI（翻译博士专业学位）三个子方向中“人工智能口笔译耦合路径研究”课程设置为例，考虑到人类语言的特点，如高度依赖语境，话语呈非结构性、模糊性，讲话人时常意在言外、顾左右而言他，有表层语义也有深层逻辑，这些都使得依赖规则的计算机处理面临诸多挑战。因此，人机耦合要求最终把关的人本身一定要夯实语言基本功、掌握口笔译实践核心技能，能够快速搜寻背景信息，同时也了解自然语言处理技术，洞悉大数据、物联网、人工智能大背景以及这些现代技术带来的影响，因此，这个方向的翻译博士培养方案设计强调跨学科性，课程设置、考核安排等跟社会需求和科技发展高度契合。资深口笔译专家、人工智能技术专家等业界专家参与博士培养全过程，他们与学院博士生导师共同组成导师组，一起为学生开设必修类实践课程，共同商讨课程内容；业界专家还参与非课程必修环节，成为博士生开题报告、中期检查报告评审小组的重要成员。这些课程设计中的做法确实在很大程度上做到了注重跨学科性，注重学科和业界融通。

（四）与时偕行：感悟翻译教师成长

水：新时期翻译技术日新月异，新形势下翻译行业也有诸多的发展和变化，这些都给翻译教学带来了机遇和挑战。您认为翻译教师应该做好哪些方面的准备，才能像您一样，做到与时偕行呢?

张：我想我们翻译教师可以在翻译实践、新技术应用和跨学科融合这三个方面做一些准备。新时代背景下，“文化走出去”与“一带一路”倡议大大推动了我国语言服务产业的迅猛发展。翻译实践，作为语言服务的重要形式，在受到新时期新形势下经济社会发展和科技文化进步影响的同时，在其学科专业建设和人才培养方面也不可避免地迎来了新的机遇和挑战。翻译技术为我们的生活和工作带来了许多便利，我们对于技术的期待值也越来越高。作为翻译教师，如果我们能够充分地利用技术给我们带来的这些便利，会比较主动一些。目前，我们还需要将各个领域（比如认知、神经科学等领域）的技术进行融合，掌握融合应用各种技术的能力，强调跨学科学习的能力。

另外，翻译教师也面临一些挑战。目前大批高校开设翻译本科专业（BTI）和翻译硕士专业（MTI），翻译专业学生数量大幅增加，口笔译专业博士（DTI）亦已有不少讨论和尝试，但由于未能全面把握翻译专业教育和学科发展现实，最终导致培养出来的不少毕业生得不到行业的认可，既无法胜任高端翻译工作，也无法在中低端翻译市场中从容应对机器翻译、人工智能技术发展带来的竞争。因此，翻译专业教育和学科建设该如何让翻译专业人才培养满足新时代国家对翻译人才的需求，适应国家加快构建具有全球竞争力的学科制度体系的需要，是我们需要反省和深思的问题。

水：在个人职业发展过程中，每一位优秀教师的成长经历是不能复制的，但是这其中的宝贵经验确实能给大家一些启发。能不能请您给准备入职或者刚刚入职的青年女教师一些职业规划方面的建议呢？

张：我很尊重做性别研究的同事们，确实可以看到翻译队伍中女性人数不少，有一些非常优秀。作为女译者或者女教师，我还是本能地觉得大家在专业上其实是平等的，我觉得这一点对男性、对女性都很重要。当然，从性别上来说，一些差异可能会是一些优势。可能因为女性本身具备做母亲的特征，我觉得女性可能会更加包容，更加有耐心，性格上相对比较有弹性，考虑问题可能也比较周全，在情绪的疏通方面可能有时候会比男性更加方便一些，比如我们女性可以哭，大家也能理解。当然男性也有男性的性格特点。从专业上来讲，从学术上来讲，我觉得性别其实是平等的。

对于青年女教师，其实我觉得，我们每一个人都有自己的价值，没有必要跟其他人千篇一律。我们不仅要保留自己的特色，还要鼓励和培养自己的特色。当然大家都有年轻的时候，随着年龄的增长，可能心境也会不太一样。总之，各有各的不容易，有容乃大。

水：非常感谢张老师跟我们分享了您的成长经历和您在翻译教育方面的观点。从您的分享中，我们深切体会到一名热忱的教育工作者为我国翻译人才培养所做出的实践和努力，正是因为有了您这样的一批优秀教师，我国的翻译教育事业才能向着健康、可持续的方向发展。真心感谢您的分享和赐教！

访谈后记

新冠肺炎疫情期间，采访不易，张教授总是想方设法抽出时间，不厌其烦地回答我提出的问题。和张教授的交流轻松愉快，收获良多。她爽朗的笑声和亲切的话语，让我深切感受到一位口译先行者的勇敢开拓和进取；一位学者孜孜不倦的追求；一位教师的不断探索和思考；一位母亲对家庭的付出和对生活的热爱。访谈结束后，感动之余，我愈加体会到一位优秀教师的成功，也许需要一点点机遇，但更多的是源于对教育事业的热爱和不懈追求。访谈中张教授提到最多的词是“尊重”：“尊重规律”“尊重常识”“尊重多样性”“互相尊重”“尊重同事”……既体现了严谨的专业态度，更有开阔的胸怀和担当，值得我们去感悟和学习。

守正传承，乐在其中

专访上海外国语大学孙会军教授

受访者简介：孙会军，解放军外国语学院学士、硕士，南京大学博士，上海外国语大学教授，博士生导师。香港中文大学、美国乔治城大学、俄克拉荷马大学访问学者。中国译协对外话语体系研究委员会委员、全国高校海外汉学学会理事、上海市外文学会理事。研究兴趣为翻译研究，研究成果包括《普遍与差异：后殖民批评视域下的翻译研究》《中国的英美文学翻译（1949—2008）》（副主编），《语言学与翻译研究导引》，以及《葛浩文和他的中国文学译介》，发表论文五十余篇。入选上海市浦江人才计划，在研国家社科基金项目“当代中国小说英译中的文学性再现与中国文学形象重塑”。

采访人：王筱珊，复旦大学外文学院 2019 级英语口译专业研究生

（一）初入翻译

王筱珊（以下简称“王”）：请问您是如何走上翻译道路的？作为韩素音翻译竞赛一等奖获得者，能否介绍一下您当年参赛的情况？

孙会军（以下简称“孙”）：我从小就对翻译工作很向往，当时还没有翻译专业，高考的时候报考了解放军外国语学院英语语言文学专业，1990 年毕业留校任教，1991 年开始在解放军外国语学院攻读英语语言文学专业语言学方向硕士研究生。读研期间，在孙致礼教授的鼓励下，我参加了第五届韩素音青年翻译竞赛，荣获一等奖。那时候韩素音翻译竞赛参加的人不多。现在的规模很大，好多学生为了参加这个竞赛进行有针对性的准备，获奖要难多了。我们当时翻完了，请孙致礼教授帮忙看一下，孙教授直言不讳地告诉我，我的一个同学翻译得更有文采，获奖概率更大，我的译文不好说。最后我和这个同学都获得了一等奖，真的出乎我的预料，能够获奖实在很侥幸。

韩素音翻译竞赛后来成为我人生的转折点，我对翻译的兴趣被进一步激发出来，同时也给我足够的信心去追求自己儿时的梦想。我决定把更多的精力用在翻译活动和翻译研究上。因为韩素音翻译奖，我得到了很多翻译实践机会。1994 年，为中国计划出版社翻译了《外商投资指南》，另外与台湾林郁出版公司签下三个出版合同，后来还先后参与了译林出版社和商务印书馆的翻译项目。从开始的合作翻译到后来独立完成翻译任务，我的翻译能力在实践中得到了锻炼和提高，在专业领域也逐渐得到了更多的认可。

我的从教经历开始于 1990 年。本科毕业以后留校任教，负责非英语专业的二外教学任务；1994 年研究生毕业以后，开始承担英语专业的分析写作课；获得博士学位之后教学工作开始进入翻译教师的行列。

（二）翻译教师之路

王：孙老师，您从翻译爱好者，发展成为一个译者，后来又成为翻译教师，在这个身份发生转变的过程中，是否遇到过一些困难？

孙：读博之前，我曾经报名参加《中国翻译》杂志社和复旦大学联合组织的第一届翻译讲习班，在讲习班上，认真聆听了陆谷孙等知名教授的精彩分享，也完成了一些翻译习作，越发对翻译教学产生了浓厚的兴趣，并立志报考翻译方向的博士。博士毕业之后，开始成为骨干翻译教师。任教之初，我没有什么经验，找一两本教材，按照教材来组织教学，照本宣科，讲的东西没有加入自己的感悟，教学效果不如人意。随着翻译教学经验的积累，我开始尝试在翻译实践和翻译研究的基础上，把自己的感悟总结出来跟学生们分享，跟学生一起探究翻译的奥秘，一起感受翻译的挑战和克服挑战的乐趣。我很喜欢翻译，也喜欢教翻译，越来越喜欢翻译教师这个职业。

王：喜欢翻译，喜欢教翻译，真好！

孙：在我看来，翻译教学的最大乐趣就是带着学生一起面临挑战、解决问题。而翻译研究的乐趣在于，进入到原语文化和译语文化之间的第三空间，领略跨文化翻译的独特风景：翻译和原语读者、译语读者看到的东西是不一样的。看看译文，再返回去对照一下原文，会觉得很有意思，因为总有些地方增了、减了、改动了。我喜欢看中国当代文学外译的小说，经常对照着原文去看。我也喜欢让学生体会这个过程，激发学生对翻译和翻译研究的兴趣。每一轮翻译课我选择的文本可能都不一样，我和同学们一起去读文本、读译文，让他们做课堂汇报。学生们都比我聪明，他们在课堂上和大家一起分享他们的发现，并在这一过程中提高了表达能力，学会了翻译技巧，对翻译产生了兴趣，翻译实践能力和翻译研究能力都得到了提高。

王：激发学生的兴趣，引导学生发现翻译的魅力，甚至爱上翻译，这就是您对教师这份职业最原始的动力，可能也是您翻译课的灵魂。请问一名优秀翻译教师应该具备哪些素养呢？

孙：我觉得最重要的，是对翻译的热爱。你要对翻译、对翻译涉及的两种语言有一种特别亲近的感觉，孙致礼和葛浩文之所以能够成为了不起的翻译家，主要是因为他们从骨子里热爱翻译。说到孙致礼教授，翻译几乎成了他生活的全部。我觉得他对翻译的热爱特别感染人……翻译对他来说太重要了，有时候和他打个电话，他说起哪个例子来，总是兴致勃勃、如数家珍。他退休多年，近年来身体也不太好，但是他还在发文章，做讲座，翻译帮助他战胜病魔，永远保持年轻的心态。成功的翻译家都有一个共同的特点，那就是“我译故我在”。对葛浩文来说，翻译像巴赫，他每天都沉浸在翻译之中，好像翻译已经深入骨髓，他热爱翻译：“翻译就是我的母乳，我不能没有它，一天不翻译我都惶惶不可终日，就像丢了命根子。”很难想象一个不喜欢翻译的老师，能够把翻译的魅力以及自己对翻译的热情传递给学生。你只有爱翻译，才有可能影响学生、感染学生，让学生爱上翻译，乐于面对翻译的挑战，感受应对挑战带来的快乐，体会翻译的魅力。作为一名翻译教师，对翻译要有一种热忱，希望用有感染力的教学为学生打开一扇窗，让学生可以透过翻译，观赏到未曾欣赏过的景致。

对我来说，翻译教学是一个教学相长的过程。我经常会和学生分享我的阅读，比如看小说《兄弟》，有读者都觉得这本书俗不可耐。但是我觉得这部小说的英语译文特别感人，边看边感动得流泪。我会和学生分享我的感动。

王：分享的快乐！

孙：回忆起带学生的经历，我总是有很多感慨：这么优秀的学生，信任你，愿意和你分享他们的研究心得，这实在是特别快乐的一件事。我们有一个群叫图书馆，虽说是“孙老师图书馆”，实际上是大家的图书馆。看到的好书都放在群里头，大家一块分享。

王：面对学生，孙老师常怀谦卑之心，因为您总是能够看到学生身上的长处、优点、智慧。

孙：我对翻译的这份热情，很大程度上得益于老一辈翻译家的影响。孙致礼教授是我翻译道路上的领路人。我在本科期间听过孙致礼教授的翻译课，毕业留校以及读研期间更是得到过孙教授的指点。读研期间通过孙教授的举荐为台湾林郁出版公司翻译了三部小说。开始的时候，我总是翻译一章就请孙教授指导、把关。博士毕业回来以后，作为博士后参与孙教授的课题研究。孙致礼教授是挺纯真的一个人，特别可爱……尤其喜欢跟学生分享他在翻译中让他感到得意的地方，学生都感觉和他没有距离。孙致礼教授“亦师亦友，就像家里的老人一样”。现在只要我一回洛阳，总要去看望他老人家。

翻译教师应该具备的另外一个素养是“敬业”。这两个字，是我们从孙致礼教授等老一辈翻译教师身上总结出来的。我现在总是以前辈教师为榜样，抽出大量的时间批改学生的翻译作业。

（三）教研并重

王：孙老师，要成为一名合格的翻译教师，是否需要学习理论知识?

孙：我都是摸着石头过河，对翻译教学的技巧和规律研究不够，这方面还需要向陶老师学习。在任教之初，我教学方法尚未成型，教学中的例子是从教材或是别人的论文里面抄过来的。经过三十年的磨练，我逐渐形成了自己的教学方法，常常把自己的科研成果糅合运用到教学实践之中。

王：孙老师在学术研究方面硕果累累，在文学翻译研究方面有所思考，已发表五十余篇学术论文。您是如何协调研究和教学之间的关系的？

孙：在我看来，翻译研究和翻译教学绝不是相互矛盾的，而是相辅相成、互相滋养的关系。在教学方面，把七零八碎的经验教给学生肯定是不够的，你不仅要有感性的认识，还要有概括总结的能力，研读汉英对比方面的研究成果，了解英汉之间到底有哪些差异，注意概括总结，然后再跟自己阅读的那些译本结合起来，这样才有可能教好。比如就汉英对比与翻译研究而言，以前有邵志洪老师的书、刘全福老师的教材，最近还有王建国老师的书。王建国老师认为汉语重过程，英语重结果，这一差异对翻译产生影响。那么事实是这样的吗？我就把《习近平谈治国理政》的第一、二卷中英文电子版发给学生，每人一章。英语重结果、汉语重过程？到底是不是这样？理论家说的不一定是对的，鼓励大家去对照原文和译文。结果同学们发现，的确有很多例子反映了这个现象。作为教师，我们要关注汉英对比领域的研究成果，注意把这些研究和我们具体的教学实践结合起来。2020年上半年华东理工大学外语学院组织了一个国际研讨会，我让我们的学生去分享自己的发现。我们的学生把原文是什么、译文是什么，是不是反映过程和结果的例子罗列出来进行分析，然后请专家点评。当时王炎强老师的精彩点评给同学们留下了深刻的印象。专家们的指点让同学们受益匪浅，对过程和结果的认知，也得到了加强。总之，研究和教学实践是密切相关、相辅相成的。

王：谢谢孙老师。您把翻译研究的发现放到课堂之中，用翻译理论指导翻译教学，提升了学生对于翻译的认知。

孙：希望如此。孙致礼教授2018年和我分享了他最新修订了第八遍的译本《傲慢与偏见》。我便把孙致礼教授的译本与王科一、李继宏的译本以及他从前的译本进行比较。我特别关注几个译本的副文本信息。李继宏作了很多的注，是典型的“thick translation”（厚翻译)，而孙致礼的原则是脚注不能太多，译者不应该过度干扰读者的阅读。他作注的原则跟他的翻译原则“文化传真”紧密相关，注重介绍一些反映文化差异的东西，在语言层面通过自己的翻译来解决，文化方面的东西他就做一些解释。我把所有的注脚都比较了一遍，上英译汉课程的时候和学生一起分析，为什么他（孙致礼教授）原来作注，现在不作了。他和王科一的译本有什么不同，和他自己之前的译本有什么不同，有什么改变。我自己觉得有意思，学生们也觉得有收获。有了初步研究的心得和体会，便可以在课堂上与学生一起讨论，让思维在碰撞中变得更加开阔。做研究的同时，也促进了教学水平的提升，课堂因此变得更生动，教学内容也更有深度。

（四）永远在路上

王：您能继续谈谈如何激发学生对于翻译以及翻译研究的兴趣吗?

孙：我觉得学生都有天分、有潜力，也很努力。你给他们一点鼓励，就有可能帮助他们把自己的潜能发挥出来。回忆起我自己的学生时代，我仍然记得老师对自己的鼓励。记得有一次孙老师跟我说，我看到你的期末翻译试卷了，你翻得很好，有潜力。他或许没有意识到，他不经意的一句话，对我而言是多么大的鼓励，对我产生了多大的影响。所以我现在改作业的时候，觉得学生做得好，就一定会写下这样的评价：You have the potential to become an excellent translator!（你有潜力成为一名优秀的译者！）上课的时候讨论学生的译文，我会说：你们译得比翻译家还好！翻译家的水平肯定是很高的，但是我让学生去挑翻译家的毛病，让他们拿出更好的译文，他们因此变得很有信心，相信自己也可以成为翻译家。

王：面对学生，您似乎从不吝啬自己的夸奖和肯定。但是您对自己的要求很严格，不懈追求也是您的一大特点。

孙：不断学习，不断提高自己的翻译实践能力，这是优秀翻译教师的一个重要素养。翻译实践能力的获得不是一劳永逸的，需要终身学习。好的译者都是好的读者。2019 年，我到美国俄克拉荷马大学访学时，曾利用周末时间到科罗拉多州拜访葛浩文夫妇。他们带我去他们常去的书店看书、买书。按理说，英语是葛浩文的母语，他做翻译在我们看来手到擒来，没必要再去花时间阅读，但是他为了让自己的语言与时俱进，有充分的表达力，每天都花很多时间读书……首席翻译家为所有的译者和翻译教师做出了榜样。杜博妮也是一样强调阅读的重要性。在她看来，译者每天至少要花一两个小时的时间阅读，才能翻好。作为翻译老师，要想有实践能力，要想教好翻译，就得不断学习。作为翻译教师，我一直都在学习的路上。翻译能力和翻译教学能力都需要不断提高。我不是特别有天分的老师。同样的内容，让我讲可能就像一杯白开水，而到了优秀老师那里，会有悬念，引起学生的兴趣，课堂上的叙事艺术我还要再学习。

王：谢谢孙老师！

访谈后记

孙会军老师工作三十年，依然热爱翻译和翻译教学事业，不断精进自己的研究能力和翻译教学水平，让我感触颇多。这样的诚挚和热爱或许就是成为一名优秀的翻译女教师必不可少的素质。眼里有光，才能孜孜不倦地研究，辛勤耕耘，在翻译中找到乐趣，发现奥秘；心里有爱，才能激发学生对于翻译和翻译研究的兴趣，带领学生走好翻译学习和翻译研究之路。孙老师脚踏实地，把抽象的“热爱”化作丰富的科研成果和教学实践，充分展现出这两个字蕴含的力量。孙老师事务繁忙，却仍在百忙之中抽空耐心回答我的问题，毫无保留地与我分享。她在翻译研究和教学领域硕果累累，与我谈及之时却低调谦逊地表示，自己还有很多地方需要学习。孙老师的人格魅力让我对“优秀”有了更深刻的理解。

寻求挑战，追求卓越

专访北京外国语大学任文教授

受访者简介：任文，博士、教授、博导，北京外国语大学高级翻译学院院长；富布莱特访问学者；全国翻译专业资格（水平）考试英语专家委员会委员，中国译协口译委员会副主任，中国外文局、中国翻译协会重大翻译工作审评专家委员会委员；第三届全国翻译专业学位研究生教育指导委员会学术委员会委员；《中国翻译》期刊编委。主持国家级、省部级等各类项目近二十项，发表论文近八十篇。获国家级教学成果二等奖、省级优秀教学成果一等奖和二等奖；获得宝钢奖“全国优秀教师”称号。曾为美国前副总统拜登、奥巴马夫人米歇尔担任同传。

采访人：陈亦欣，复旦大学外文学院 2018 级英语语言文学专业研究生

（一）善于探索，让学习发生

陈亦欣（以下简称“陈”）：任老师，您曾经去美国威斯康星大学麦迪逊总校访学，请问您觉得他们的教学方式和国内有什么不同？这段访学经历对您自己的教学有什么影响？

任文（以下简称“任”）：访学期间对我影响挺大的一门课就是公共演讲课。这门课程的教学方式和教学内容，让我觉得特别震撼。我曾经带学生参加过英语演讲比赛、口笔译大赛和辩论赛，所以对这个比较感兴趣，就去旁听。这门课会让你在一个完全开放、自由、体验式的教学环境下，循序渐进地提升学生的口译、演讲技能以及批判性思维能力。我是 2001—2002 年去的，那个时候学校还没有什么人开设这样的课程。在美国认识了开设这门课的 Stephen Lucas 教授以后，我就跟他说，我想开设这样一门课程，希望回国以后把这门课程带给中国的学生，带给我学校的学生，他当时就特别支持我，还给了我一整套教学和教辅资料。我继续钻研，回国以后就用英文开设了公共演讲的课程。虽然这门课跟口译或翻译之间其实没有直接的关系，但是公共演讲这个技能对口译员来讲是非常重要的。我想这门课程可以帮助提升作为教师演讲的能力，和作为译员的口译能力的一个分支能力。所以，我觉得美国的访学经历对我的教学肯定是有影响的，让我可以把中西不同的教学方式当中的优点糅合在一起，让课堂生动起来。

陈：在您开设的众多课程中，有一门是《口译研究与研究设计》，您能分享一下您是怎么教这门课的吗？

任：这门课最先只是针对博士生开设的，对于博士生的要求就是在课前预习大量的材料，然后参与课堂讨论，并且做课堂展示。这门课的教学目标是向博士生从整体上介绍口译研究设计的全过程，在课堂讨论中包含了大量的实例。具体而言，我会和学生在某一个阶段讨论，比如说，研究问题该怎么去写，诸如此类。又比如说关于研究方法，我也会让学生去阅读一些材料，并且在课堂中跟他们一起讨论。

陈：那您第一次上这门课和现在上这门课是否有什么区别？为什么会有这样的转变呢？

任：开始的两年都是这样上的，只是从今年开始，硕士生也跟博士生一起来上这门课了，所以从几个人变成了二十多个人。而且由于疫情，必须开展远程网络教学，所以上起来有一定难度。不过，硕士生同学参与讨论的积极性很高，发表的观点也蛮有深度的，这让我很惊喜。现在在课上，我会把硕士答辩过程中遇到的问题拿出来跟同学们讨论。不过因为人比较多，不可能像博士生小班教学时那样讨论得很细，有一些内容，相对来说，会讨论得粗略一些。但我觉得这门课的宗旨是一样的——让我们的研究生学会如何去做研究设计，让他们从学习、生活实践中去寻找研究问题，并把这个现实问题变成研究问题，最后通过比较适当的方法去解决，对结论进行理论性、科学性的解释。

陈：反思您的教学理念，您有什么心得？

任：教学理念是一个很大的概念，它包括观念认识层面的，或者理论层面的，还有实际操作层面的。如果说在认识层面或者是理论层面，我觉得不外乎就是以下几点吧。第一，教书育人。因为除了教学本身之外，不管上什么课，育人的这种观念是融入教学过程中的，而不是单纯的知识或者技能的教授，其实教书跟育人是融为一体的。第二，让学习发生。过去经常会谈以学生为中心还是以老师为中心，但实际上，我觉得更多的是以学习为中心，就是让学习发生。换句话说，就是学生是主体，教师是主导。但如果说把所有的中心都交给学生自己，其实学生也不知道怎么做，所以单纯以学生为中心，其实也不是太科学。当然也不能以教师为中心，教师是要根据学生的情况来因材施教的，所以我觉得最重要的就是要让学习发生，让学习在教和学中发生，让学习产生效果。第三，教学相长。教学相长即指师生是一种平等的关系，老师和学生之间可以随时相互学习，相互提高，而不是说老师是权威。

陈：“让学习发生”，对我来说是一个新颖的概念，能否解释得更具体一些？比如您在“交替传译”课中引入了互评机制，为什么采用这种方法进行教学？

任：因为互评机制有一定的优点，可以更好地帮助教学。第一，可以提高学生的集中度，因为需要去听其他同学翻译得怎么样。如果说大家都在关注自己，有个别学生可能就会不作为。第二，向别人学习。你评其他的人就会认真去听他翻译得怎么样，具体有什么优点和不足。我们说，他人就是自己的一面镜子，别人会犯的错误你可能也会犯，这是从评的同学来讲的。那被评的同学一旦知道除了老师能听到自己的译文，全班同学都会听到并且对他进行点评，可能就会更认真，这种投入感就会更强，所以我觉得互评机制对于评与被评的同学来说都有好处。

陈：我想这也就是以学生为中心的一种表现，然后老师再继续点评，共同参与，就能够实现您刚刚提到的“让学习发生”。上过这门课的学生评价您温柔随和，学术方面又十分严谨，对学生的点评客观又全面。请问在教学中，您是如何处理师生关系的？

任：我的学生很宽容，感谢他们这样的评价。在互评机制中，先让学生互评，老师再点评，其实也是一种师生互动，一种以学为中心，让学习发生，我觉得这样的话可以更客观，不是老师一个人来评价你翻得好与不好，同伴之间往往更能够理解彼此的难处，那老师可能全局观要更大一些，可以从更多的方面来说明这是一个什么样的问题，可以怎么去克服。

至于师生关系，我觉得自己没有刻意去想怎么样跟大家搞好关系。其实首先要意识到一点，学生是需要鼓励的。高翻学生总体来说非常优秀，所以并不需要对学生进行高压式管理。其二，学生学习总归会有自己的问题存在，对他们的这些问题要及时指出来，特别是有些学生，在比较长的时间，形成了一些不太好的口译习惯——声音慵懒、语速极快或极慢、卡顿、填充词汇用得过多等，对这些问题一定要反复地提，所以学生说我很严谨，可能是体现在这些方面。最后，作为老师，要去关注每个同学的情况。大部分同学的基础都不错，但是也不排除有个别的同学能力要差一点。在这种情况下，口译教学中需要做比较简单的句段的时候，我就会让程度稍微弱一些的同学来完成，让他觉得这并不是完不成的任务；比较长难的句子，我就会找更优秀的同学，这样对他来说也具备一定的挑战。如果大家都能够在自己能力范围内“跳一跳，够得着”，学习效果会更好。

（二）勤于口译，让教学有根

陈：任老师，您在“试论中国口译理论话语体系的建构”一文中探讨了中国口译学者该如何为口译理论话语体系建构做出贡献。请问您认为在教学中，翻译教师可以为口译理论的发展做出哪些努力？

任：我们怎么去理解“理论”这个词呢，它可以是一个很宽泛意义上的理论，但不要把理论看成是特别“高大上”的。我们要更多从话语的角度去理解它。不成体系的理论也是理论，如果成为一个体系，它就是一个完整的、更丰富的理论体系。但是任何一个学者提出一个理论体系，也是从提出一个小的理论开始逐渐地发展。翻译教师当然可以为口译理论做出贡献，比如说，贡献什么样的教学模式或者翻译能力研究、翻译测试方式等，为口译理论话语体系建构做出贡献的方式有很多，但是这个问题太大，一时没有办法细谈。

陈：据我了解，您的口译实战经验丰富，在各级各类重大外事活动和国际会议中都担任过交传和同传译员。请问您觉得做口译和教口译有什么不同？您的口译实战经历对您教授口译课程有什么帮助？

任：口译实践当然会对口译教学有很大的帮助。首先自己在做口译的过程中就知道困难在哪里，这样在教学过程中就会有的放矢，特别去强调对于译员来说困难的地方。除此之外，因为自己有口译经验，在教学过程中还可以继续保持口译的状态，给学生做一个示范，学生也会更加感同身受。另外，口译过程当中会发现一些问题，在教学当中就可以去钻研，通过教学也可以反哺实践。在实践中发现问题，通过教学研究去解决，把这个实践问题变成研究问题，对研究也有好处，所以我觉得实践跟教学和研究是可以很好地结合起来的。

陈：覃俐俐与王克非老师曾在一篇论文中指出，翻译教师身份的认同经历了从译者身份发展到教育专家和课程专家这两个子身份的过程，您认为该如何将译者能力转化为翻译教学能力？

任：首先就是要了解教学法、教学的基本规律和教学能力，教学能力还包括认识能力。作为老师，不但要教学生怎么去提升各种技能，还要能够解释很多问题，不仅要知其然，还要知其所以然。比如让学生去训练短期记忆能力，但记忆的机制是什么？为什么要这样去训练？这样训练有什么好处？这就是教学能力中认识能力、概括能力、解释能力的体现。第二是设计能力。如何把知识以循序渐进的方式、学生能够接受的方式教给他们。第三就是传播能力。比如教师也需要公共演讲的技能，以及把知识传播给学生课堂的组织能力等。

（三）教研并进，让知行合一

陈：任老师，作为一名实践能力出众的老师，您的学术研究能力也毫不逊色。请问您是如何平衡口译实践与学术研究之间的关系的？

进一步说，您的学术研究对您的教学有什么帮助？

任：这个确实很难平衡。因为口译实践的收入很高，得到收益也很快，所以很多做同传的人不太愿意做研究。但作为一名教师，首要任务是教学，然后是通过实践来帮助教学，最后还有研究的任务。我觉得一个老师能全面发展，当然是最好的，但实际上人的精力有限，所以后来我放弃了很多实践的机会，把更多的时间、精力放在教学和科研上。学术研究肯定对教学有帮助，在教学、实践当中发现的问题，都可以通过研究来解决，得到一定的答案。所以我们常说教研相长、教学相长。我并不觉得做研究对实践或者教学没有什么指导意义，道理就是不仅要知道怎么去做，而且知道为什么这样做，研究可以为你提供这样的答案，而且可以给你提供一些针对集体的答案，而不仅仅只是个案。当然研究还有其他作用，比方说可以推动学科发展，帮助我们更好地认识翻译、口译现象等。

陈：基于您自己的学术研究经历，您觉得翻译教师该如何培养学生的学术能力？

任：这得根据具体课程而定。比如说我上的《口译研究与研究设计》这门课本来就是培养学生的学术能力的，那就会在教学内容、教学方法等方面更多地引导学生。同时，因为学生需要做课堂汇报，在做汇报之前需要去做研究，这些都是培养他们学术能力的一种方式。当然还有一些老师，比如说有自己的科研课题，对于有兴趣做科研的学生，就可以引导他们来参加，慢慢培养兴趣。

陈：我拜读了您的论文“中国口译研究热点与趋势探析”，在文章中您将共词分析的方法运用到了口译研究，这很新颖。您在学术方面的创新能力很强，请问您是如何培养自己的学术创新能力的？您觉得翻译教师该如何逐步培养学生的学术创新能力？

任：我不敢说自己有多强的学术创新，就是自己可能得随时关注学术前沿，看看大家在研究什么，什么被研究了，还有什么没研究，这只有通过阅读、通过跟踪前沿学术研究才可能做到。至于说学生的创新，如果说硕士生的话，可能更多的还是阅读，然后看别人怎么做，去跟着学着做。博士生的话，对创新要求就更高，所有的博士论文都要求有原创性，这是在阅读、批判性思考的基础上获得的，任何人都一样。当然，所谓的偶得、灵光一现，也都是基于足够的阅读和思考才能获得的。

陈：您提到了博士生需要有批判性的思考，那您在教学中会如何培养学生的批判性思维能力呢？

任：批判性思维能力是一个很大的问题，不同课程的这种培训方式，是不一样的。比如说研究课上，就是让学生阅读，然后发表评论，对比所读的东西，你觉得有哪些是支持的，有哪些是反对的。其实你去发表自己的看法，去思考、分析、判断、评价、归纳、总结的一个过程就是批判性思维培养的过程。

（四）平衡身份，随翻译远行

陈：您觉得女性身份对您进入翻译教师行业有何影响？您如何看待女翻译教师在这一行业中的存在？

任：事实上，我个人没有觉得女性身份对我的这个职业产生过什么影响。如果说实践上，或许会有。比如说在读书的时候去做口译，对方会说倾向于女生。但是实际上，翻译质量跟性别相比，首先选择还是翻译质量、翻译效果。因为学外语的女性要多一些，所以做翻译的女性和教翻译的女老师总体数量要庞大一些，但是我觉得没有什么科学的依据证明哪一个性别更适合做翻译。当然，我觉得女性可能付出的要更多，因为有家庭、孩子等这样一些重任。但这不仅仅是翻译教师遇到的，所有职业中女性都会面临着平衡家庭和事业之间的矛盾。

陈：在访谈的最后，您有哪些箴言送给有志于成为翻译教师的女性？

任：我就分享个人的感受吧，一句话概括就是——翻译让我看到了更广阔的世界，教翻译让我有机会让更多的学生看到更广阔的世界。

访谈后记

任老师除了教学科研以外，还担任管理工作。访谈期间，不管工作多繁忙，她仍然跟我不断协调时间，通过多次深夜交流，我才完成此次访谈任务。任文教授向我展示了一位学术研究能力、翻译实践能力和工作能力都十分优秀的女翻译教师风采。任老师在学术上的严谨性、专业性和深刻性，是我今后学术研究的重要榜样。同时，她积极投身于翻译实践和翻译教学，也指引了我主动参与更多的翻译实践，多在课堂上积极向老师取经。整个访谈中，我印象最深刻的就是任老师的一句话，“让学习发生”。教育的主体与客体都要投入“学”当中去，才能更好地发挥教育的作用，不再是以教师为中心，也不仅仅是以学生为中心。我认为这句话不仅仅适用于学习，更像一句人生格言，我们应当以积极的学习者心态去面对学习、生活和工作，让学习不断发生，学无止境，来日可期。

教而不研则浅，研而不教则空

专访中国海洋大学滕梅教授

受访者简介：滕梅，中国海洋大学外国语学院教授，副院长，复旦大学博士。中国翻译协会对外话语体系研究委员会委员，山东省翻译协会常务理事，中央文献翻译研究基地兼职研究员。英国曼彻斯特大学翻译研究中心、加拿大渥太华大学翻译学院访问学者。主要研究方向为翻译理论和翻译教学，主持国家社科基金、教育部社科规划项目、中国翻译研究院资助项目等课题多项，发表论文多篇，专著、教材和译著成果丰硕。

采访人：王家娴，复旦大学外文学院 2019 级英语语言文学专业研究生

（一）痴迷翻译，传承师教

王家娴（以下简称“王”）：请问滕老师是从什么时候开始接触翻译的？为什么会走上翻译研究的道路？

滕梅（以下简称“滕”）：我接触翻译应该算是比较早的，在高中时期。当时我是理科生，比较喜欢数理化，英语成绩一直不太好，是拖后腿的科目。班主任有一天推荐了一篇文章，说是可以通过翻译学好英语。因为那个时候学习资源比现在少很多，我就抱着试试看的心态开始翻译英语短文，结果竟慢慢喜欢上了英语和翻译，最后高考的时候还报考了英语专业。当然，中学时期对翻译的认识应该还是很肤浅的，只不过是想用翻译的方式来提高英语水平而已。后来学了英语专业，尤其是读了翻译专业的硕士和博士之后，对翻译的了解更加深入，也就更喜欢翻译了。其实，我这个例子或许可以说明，语言本身的魅力可以让一个本来对外语不感兴趣的学生喜欢上外语，喜欢上翻译。

王：谢谢滕老师的分享。您的经历非常独特，让我深深感受到了翻译的魅力。如果说高中的经历是一场与翻译的美丽邂逅，那么在解放军外国语学院和复旦大学的求学又是怎么样的呢？正如老师所说，您对翻译有了更深入的了解。请问您在这期间学到的最重要的知识和能力是什么？

滕：在复旦大学的博士求学期间，是我专业知识和研究能力提高最多的一个阶段，其中最重要的是翻译理论和翻译实践能力，还有研究能力和更宏观的视野。我本科或者高中的时候，仅仅是想通过翻译来学习语言；相比之下，到了硕博阶段，我对翻译有了一个更全面的认识。

王：在这个过程中，您觉得谁对您的翻译教学能力影响最大？

滕：我要特别感谢我的硕士生导师孙致礼教授和博士生导师何刚强教授。孙致礼教授是著名翻译家，尤其在英国文学翻译方面造诣很深。孙老师不仅给学生讲授翻译理论，而且在英汉双语的修养方面、文学翻译的技巧方面都给了我们非常大的影响和启发。何刚强教授除了在翻译理论和翻译教学方面有高屋建瓴的见解之外，他在翻译实践方面，尤其是对典籍的翻译有非常高的造诣。何老师的英、汉语水平都非常高，尤其是古汉语水平。两位恩师有两个共同的特点，一是除了翻译水平高超之外，他们的英汉双语修养和造诣都非常高；二是两位老师不仅做翻译，做翻译研究，而且会教翻译。他们一直都非常强调理论和实践的结合，如果仅仅局限于翻译技巧式的讨论，这对一门比较高层次的翻译课来说是远远不够的。我觉得对一个翻译教师或者做翻译研究的老师来说，不仅自己会，而且会教学生，是一件非常难得的事情。

王：谢谢滕老师。您说两位老师不光自己会研究，还知道怎么去教学生，您可以举一些具体的例子吗？

滕：比如孙老师的文学翻译课和何老师的典籍翻译课，都一直非常强调理论和实践的结合，而不仅是关于翻译技巧的讨论。老师让我们学习汉语，尤其是古汉语，还要学习我国的古代文论，同时还要提高英语水平和翻译理论能力，加深对语言和翻译的理解，要知道在翻译实践时会遇到哪些问题，应用到哪些理论。应该说整个硕士阶段和博士阶段，我们读过的所有书、参与的所有课程、跟随的所有老师，都会对我们最后形成自己的知识框架和理论体系有非常大的帮助。

王：两位老师不光在教学生技巧，也在培养学生的能力，用高屋建瓴的方式来给学生们搭建理论框架。

滕：是这样的，作为老师重要的是帮助学生构建自己的知识结构和理论体系，这在博士阶段尤为重要。这也是何老师非常注重的一点。

王：老师您现在是不是也有意识地在给自己的学生搭建这么个理论框架？您是怎么教授您的学生的？

滕：我现在的学生分两部分，一部分是本科生，一部分是研究生。针对不同的学生，教学重点是不一样的，要因材施教。我们前面也提过，比如说本科生除了语言能力之外，还要培养他们对翻译和翻译理论最基本的认识；研究生则需要构建他们的翻译理论体系，让他们对翻译理论有更深刻更全面的认识。有的学生对翻译理论中的纯理论比较感兴趣，那么他可能就会偏重于这方面的阅读和写作；有的学生对应用翻译理论更感兴趣，那么他可能就会研究这方面的内容。每个学生到了研究生阶段，我都会根据他们的兴趣、教育背景和已有的理论体系来因材施教，帮助他们确立以后的发展和研究方向。

王：以学生为中心，根据学生的兴趣爱好给他们学术上的指引。滕老师，您毕业后就在洛外（解放军外国语学院，现“解放军信息工程大学”）从事教学工作，请问您从学生到教师的身份转变过程中，最大的变化是什么？

滕：现在很多老师至少要硕士毕业或者是博士毕业以后才能到高校任教，当时我本科毕业以后直接留校教本科生，不管是从工作、生活还是对自己和自己职业的认知，转变都很大，有非常多的忐忑和不适应。从教学工作来说，我最大的收获是对教师这个职业身份有了更加深入、更加全面的认识。以前是从学生的角度看老师，等到我真正做了老师，再来看这个职业的时候，我发现以前的很多认识是有一些偏差的。当时对我来讲最大的挑战就是“既要知其然，又要知其所以然”，不光自己会，还要把学生教会。

王：老师您说得特别好，不仅要对知识精益求精，还要以新的视角重新审视这个职业。在您身份转换过程中，对您帮助最大的是谁？

滕：洛外历来都有重视教学的传统。新入职教师身份转换的过程中会面临很多挑战，学校组织了专门的师资培训。我记得我当时教一年级的精读课程，解放军外国语学院副院长胡斐佩少将手把手地教我如何备课，并时常来课堂听我讲课，然后提出改进意见，帮我一起解决教学中遇到的难题，我一直到现在都从中受益。

王：真的很幸运能遇到这样一位好老师，从教学内容和教学方式上进行手把手的指导。我听说您现在也在带年轻的教师，您采取了什么理念和方法来帮助年轻教师教学呢？

滕：现在跟我们当时的情况不一样。现在的年轻教师至少都有了一定的学位或者有了教学经验之后才到教学岗位上来。他们有更扎实的理论基础，对教学和科研有更深入的认识，所以对新一代教师的培养方式也应与时俱进。青年教师除了参加学校和学院组织的专门培训之外，我们团队主要是通过调研活动、教学研讨、科研合作等方式来交流前沿教学理念和教学方法。大家一起讨论共同进步，更多的是一种团队合作的关系。

（二）教学相长，亦师亦友

王：您当年在洛外教一二年级本科生“大学英语精读”，目前在海大教本科生“英汉翻译”“英语写作”“英语散文”等课程，和英语专业相关的课基本上都教过。您觉得在海大和在洛外的教学有什么区别？

滕：其实，最大的变化要归因于时间，一转眼二十多年已经过去了。我在洛外的时候是本科生，到海大的时候已经是博士了，对翻译和对教学的认识层次也不一样了，这个应该是最大的不同。还有一个不同，就是面对的学生层次的不同。在洛外的时候面对的主要是本科生，而且是低年级的本科生。到了海大之后，我面对的主要是高年级本科生和研究生，在教学理念和教学方法上都会做出一些改变。就像我们刚才谈到的，人才培养目标不同，教学内容和教学手段肯定也会不同。

王：您说您对翻译和教学的认识不一样了，比较具体一点的，比如像我们现在经常说的建构主义教学、以学生为中心的教学、以过程为导向的教学等，您采取的是什么样的教学理念和方法？

滕：这些方法和理念都有它们的可取之处，而且在实践中都得到了验证，非常有效。我们作为教师，从一开始就要学习教学法，然后在教学实践中不断学习，与时俱进，不断探索和思考，并形成自己的教学方法和理念。就像你刚才讲的，我们现在都比较重视教学了，我觉得不管是以学生为中心还是其他什么方法，要看怎么样来更好地帮助学生提高。面对高年级的本科生和研究生，我们现在用得比较多的叫“以项目为导向”的教学，大家一起来研究一个问题，或者是做一个项目，然后通过这个项目的实施达到我们教学的目的。

王：谢谢老师！您的教学不但有理论支撑，更是在实践中不断调整和完善，从学生的现实情况出发，因材施教、与时俱进。老师您现在教授“翻译理论”“翻译批评”“英汉翻译”，您为什么会选择教授这些课程？有哪些内部和外部的因素呢？

滕：之所以会教授这些课程，除了人才培养的需要之外，另一个因素应该是个人的学术专长和研究兴趣。对课程内容感兴趣，就更愿意钻研，教起来也更有心得，可以更好地帮助到学生。

王：那您有没有什么暂时没开，但希望在未来开设的课程呢？

滕：如果可以的话，我希望能再开一些跟我现在的研究更密切相关的课程。比如说我现在的研究兴趣是翻译政策，目前翻译政策研究还处于初级阶段，这方面的课程也比较少。如果有可能的话，我希望把自己的研究成果和心得体现在这样一些课里。

王：您觉得现在的阻碍因素有哪些？

滕：阻碍因素有一些，其中也包括个人的因素，因为我觉得自己目前在这一方面的研究还不够全面和成熟，需要再作一些更加深入的研究，搭建更加全面的理论体系。我觉得应该在建立起一个比较全面的理论体系和研究框架以后，再来开设这门课，这样学生会受益更多。

王：翻译政策是一个比较新的研究领域，做起来的确不容易。博士论文可能就是您开展研究的一个起点，在这之后您申请了国家社科基金、教育部社科规划项目、中国翻译研究院资助项目的一系列课题研究，这些都是跟翻译政策相关的吗?

滕：我的博士论文做的是翻译政策研究，这也是国内第一篇关于翻译政策的博士论文。在完成博士论文的过程中，我发现了很多可以做而且比较有兴趣的点，但是当时的时间和精力都受到限制。等到博士毕业之后，我开始继续思考当时遇到的问题，进行了更深层次的了解和研究。其实我非常幸运，见证了翻译政策研究从无到有的一个重要阶段。当年之所以有勇气做这个课题，是因为导师何刚强老师自始至终都非常支持这个选题，给了我很多的鼓励和指导。随着近十几年翻译学的繁荣发展，翻译政策研究已经成为翻译研究的一个重要课题。

王：您敢于开拓、追求卓越的态度让我十分敬佩。研究一直是您的教学来源，教学也是您研究的动力。请问作为一名研究者，您是如何看待翻译研究和翻译教学之间的关系的？翻译研究是如何反哺您的教学的?

滕：有两个词我特别赞同："教学相长"和"亦师亦友"。教学不是一个从老师到学生单向传输的关系，学生同时也会给老师许多启发和帮助，反过来提升老师的教学和科研。比如说我的很多研究的兴趣点，或者说研究的课题应该是在教学工作中通过跟学生的交流受到启发，然后继续深入。理想的师生关系是合作共赢的伙伴关系，教和学对学生和老师来说都是不断进步的过程。

王：您现在在加拿大渥太华大学访学，可以介绍一下您在访学过程中有什么收获吗？

滕：加拿大目前有两所大学可以授予翻译博士学位，一所是渥太华大学，一所是蒙特利尔大学。渥大有悠久的翻译研究传统和包括Luise von Flotow教授在内的众多翻译大家。我最大的两个收获在于：一是接触到比较前沿的翻译学研究的动向，了解了翻译研究领域的最新发展；二是对翻译教学理论以及实践进行比较系统的学习，对翻译教学和翻译人才培养有了新的理解和认识。加拿大政府专门设有翻译局，翻译局跟各大高校，尤其是与位于首都的渥太华大学，有非常成功的合作传统。学生定期去翻译局参观实习，翻译局也会派专家每周来渥大的翻译学院工作几天。如果学生或老师们遇到问题，都可以随时交流。学生在学习期间就开始了解翻译市场，甚至是翻译管理。

王：产学研相结合，给学生提供和业内人士接触的机会，让学生在真实的社会环境中学习翻译，对我们来说这是一种可以借鉴的经验。您刚刚提到这两所学校有翻译博士的培养，那么它对翻译博士培养也是这种模式吗，还是另有其他的教学方法？

滕：我刚才讲的基本上是MA的培养，博士生主要进行理论研究，但也会跟业内有一些合作项目。比如说这边的翻译理论专家会跟翻译局的术语专家一起合作，帮助图书馆开发英法双语的术语翻译系统进行资料管理。我觉得非常好的一点就是，合作的领域很宽广，合作方式也十分多元。

王：您刚刚说它合作方式多样，那跨学科交流是不是特别多？

滕：是的，你说得非常对。讲一个最简单的例子，在翻译教学理论的课程中，教学研究中心会为课堂提供教学技术支持。教研中心的老师会专门做讲座或者上课，带学生去学校先进的教学实验室了解新的系统和技术以辅助翻译教学。这种跨学科的交流和合作在教学和科研活动中都十分常见。

王：听老师的讲述，这次去加拿大收获还是挺大的。您计划如何将学习到的内容应用到未来的教学当中？您觉得在国内的教学环境中哪些是可行的，可以试着来推广的？

滕：你这个问题问得非常好。因为大家所处的环境等都不一样，所以不应全面照搬，还是应该根据自己的国情、学校情况和个人的教学情况，来决定哪些可以借鉴，哪些需要改进，以更好地适应我们目前的翻译教学。在吸取其他学科和国外优秀的教学经验的同时，要因地制宜，做到适度“移植”，这个还需要考虑很多具体问题。

（三）沟通协调，服务教学

王：滕老师，您在中国海洋大学工作的时候已经是副教授了，但仍选择到复旦继续深造。您现在除了是一名研究者、教育者，还是一名教学管理者，为人妻为人母，兼具多重身份。您是如何克服在职学习的困难，在学习、工作、家庭三者之间平衡的？

滕：这是高校女教师群体面临的一个普遍困难，但只要心里有“渴望”和目标，就能排除万难。你注目远眺，看看最终目标和要求是什么，朝着那个既定方向，一步一步往前走，有问题就解决问题，有障碍就扫除障碍，直到抵达终点。在这个过程中，因为常常身兼多种角色，你可能需要把自己的精力划分成几个部分，哪一部分也不能忽略。每个人克服困难的方法并不同，但是能够让你一直坚持下去的，一定是对继续学习和自我提升的一种渴望。我觉得，只要你有这个渴望和达到目标的决心，那么不管有什么困难，你都会想出办法来克服。

王：是的，方法总比困难多。

滕：对，只要有目标和渴望，就肯定能找到办法。

王：您现在担任中国海洋大学外国语学院的副院长，分管本科生教学管理。作为一名管理者，对您的教学有什么影响呢？

滕：我倒不觉得自己是一个管理者，我的工作涉及更多的不是教学管理，而是教学服务，起到沟通和协调的作用。我们经常谈到译者是“一仆二主”，教学服务其实也是这样，就是说需要服务于学生和教师，服务于学校和国家。这一点想明白之后，别人说这是一件很辛苦的事情，但是如果你把它想成一个教学服务工作，可以帮助你的学生实现他们的学习目标，帮助自己学院的老师更好地培养学生，帮助学校达到自己的人才培养目标，这其实是个多赢的事情。你在中间起到的更多的是服务或者是协调的作用，不可或缺。

王：您提到教学服务，那么您有没有遇到这种情况，就是在“服务”的过程中，需要解决教师、学生和学校这三者之间需求上的冲突呢？比如说我们的课程大纲有固定性的要求，但是教师有他们自己个性化的想法；再比如说教师需要绩效考核，但很多东西不是可视化的，这可能对教师的教学产生影响。您是怎么解决这些冲突的？

滕：其实不管做什么事情，都会有发生冲突的可能，因为每一件事情都有它的两面性。比如说教学的时候，教师既要考虑到教学大纲，又要保留自己的风格和自由，这其实就是如何来平衡的问题。我相信只要大家的目标是一致的，这些问题都可以解决。在教学服务过程中，有很大一部分工作是沟通，跟老师、跟学生、跟学校沟通后让各方都达成一种互相的理解，工作其实就不那么难做了。大家的角度和立场不尽相同，有时候是会有一些冲突，但是通过协调和沟通，大部分的问题都是可以解决的，不是不可调和的矛盾。

王：是的，老师说得很对。从您的讲述当中，我觉得您有很强的组织能力和大局观，认为大家有共同目标，在沟通理解下总能达到这个目标，总能够想到一个两全其美的办法。您觉得在翻译教师的行列当中，女性教师和男性教师来比，会有更多的困难吗？

滕：确实跟别的行业比起来，不管是教翻译、做翻译，还是做翻译研究的，女性都比较多。可能跟男性比起来，会面临更多的问题，比如说家庭，或者说在职场中会遇到的歧视和偏见。但是我自己觉得只要我们目标明确，并且愿意为此付出，为这个目标而努力的话，肯定会得到意想不到的收获，收获应该只是一个时间问题。

王：的确是这样，家庭和社会对女性的期待还是挺大的，所以要平衡工作和家庭，特别不容易。您一直在朝着自己的目标前行，您刚才的谈话中经常提到"目标"，我觉得您是一个很有使命感的人。谢谢老师。在访谈的最后，想请问一下老师有哪些箴言要送给有志于成为翻译教师的女性？

滕：我觉得还是那句话：设立自己的目标，然后努力地朝着这个方向走，假以时日，你终会得到超乎预期的收获。

访谈后记

一个半小时的访谈，让我看到了滕梅教授作为一名翻译学习者、翻译研究者、翻译教学管理者的责任和担当，作为一名专业教师对于翻译事业的执着与热爱。三十多年来，学而不怠，教而不倦，管而不弛，滕梅教授逐步构建了自己的知识框架，在中国历史文化、中外文化研究、对外传播等领域颇有建树。滕教授如今身为人师，致力于培养学生的大局观，以德育人、以身作则、因材施教、与时俱进。滕教授精益求精、锲而不舍的求学态度，教学相长、亦师亦友的教学态度深深感召着我。前途漫漫，正是有了前辈的引领和感召，我们方得以乘风破浪，勇往直前。

乐学善思，服务社会

专访北京外国语大学彭萍教授

受访者简介：彭萍，北京外国语大学翻译学教授，北京大学博士，中组部第八批援藏干部，北京中外文化交流研究基地研究员、中国比较文学学会海外汉学研究分会理事等，曾担任联合国教科文组织总部（巴黎）译员。主要研究领域为文化研究、翻译学、英语教学，已出版专著《翻译伦理学》《本科翻译教学研究》《社会叙述理论与京剧英译和传播》等八部，独立完成译著《中国通史（第六卷）》等十余部，在各级学术刊物发表论文四十余篇，主持国家社科基金、北京市社科基金等各类项目十余项。主编国家级规划教材等多部，发表译作三十余篇。荣获“文明之光·2019中国文化交流年度人物”称号。

采访人：王珍珍，复旦大学外文学院访问学者，上海电机学院教师

服务国家社会：无私援藏援疆

王珍珍（以下简称“王”）：彭老师，我看到西藏网对您进行过专访，您能先介绍一下您的援藏经历吗?

彭萍（以下简称“彭”）：我是中组部第八批援藏干部，2016 年 7 月到 2018 年 8 月在西藏民族大学整整工作了两年。其实我是个比较恋家的人，但只要组织上需要，我是从来不会说“不”。现在回过头看这段经历，觉得还是挺好的，援藏对我来说是一件幸福、幸运的事。我在西藏民大担任外语学院副院长的时候，分管对口支援、科研、研究生、学科建设等工作。在这宝贵的两年时间中，毫无保留地跟老师们分享教学和科研经验，举办教师沙龙，邀请国内外知名学者赴西藏民大开办讲座，落实民大教师赴北外访学等。特别自豪的是，当时带着老师们申报省部级及国家级课题，我们在 2017 年成功申请到国家社科基金项目一项，这也是西藏民大外语学院多年来首次获得立项的国家社科基金项目。更值得庆贺的是，2017 年西藏民大申报的翻译硕士（笔译）项目成功获得批准，2019 年已经开始招生。

王：听说因为援藏的关系，您后来还去过好几次西藏，去西藏大学讲学，被聘为客座教授，参加西藏外宣翻译调研等，您同时还是新疆大学的天山学者。

彭：是的。因为援藏，我和西藏大学结下了不解之缘，先后两次到西藏大学讲学，最近他们聘我为西藏大学客座教授。我常说“一次援藏行，一生西藏情”。新疆大学呢，是北外对口支援的学校，因为我是翻译老师，他们一直就想请我过去给 MTI 学生上上课。我在援藏结束后，受邀成为新疆大学的“天山学者”。这学期遭遇疫情，就在线给他们的 MTI 上课。确实跟这些民族院校挺有缘的，援助一些民族院校也许已经成为我生命中的一部分，变成一种情怀了吧。能够将所学服务社会、辐射边疆，于我来说又何尝不是一种幸福。

深耕翻译课堂：教学理念与实施

王：彭老师，您是怎样走上翻译教师这条路的？能分享一下您的教师成长经历吗？

彭：1993 年大学毕业之后，我先在电厂做了一年的翻译，后来去了当时的临沂教育学院（现名临沂大学）做老师，1994 年到 1999 年在那儿教精读和语法。我学习一直都挺好的，中学的时候一直是全年级第一。来北外之前，我在山东的生活过得特别安逸：教书、相夫、教女。后来自己觉得这样不行，我从开始学英语就想成为一个翻译家，所以教书教到第五年，还是决定去考研。后来考上了北外的翻译专业研究生。我把孩子放在临沂跟着爷爷奶奶，就去北外读书了。读书之余做做兼职老师，之前不是有过 5 年的教学经验嘛，所以基本上北外附近和北外的一些培训机构都愿意让我去讲课，这样就开始教翻译，从此就走上学翻译、做翻译、教翻译、研究翻译的道路。

2002 年我硕士毕业留校，毕业之前，我先生激励我说，我这个性格其实做老师很合适，那么读博士势在必行，建议我硕士毕业后就去读博士。另外，他还说，既然我梦寐以求的学校是北大，那就一定要考北大。于是硕士毕业前我就开始复习考博。2002 年 3 月，我参加了北大的博士研究生招生考试，选的导师是辜正坤老师。等到 5 月，他们通知我考上了，后来我就一边在北大读博，一边在北外教书，从 2002 年到现在，已经十八年了。回过头再看，最大的感触就是一路走来人生就是要不断地奋斗，我特别认同习近平总书记那句话：“幸福是奋斗出来的。”这么多年既要教书，又要（自己）读书，在这期间 2006 年升副教授，2016 年升教授，还要在北京安身立足……反正这么多年就奋斗过来了。

王：您做了这么多年的翻译教师，应该上过很多种不同类型的翻译课吧？您的专著《本科翻译教学研究》中特别论述了翻译教学中的人文通识课程和专门用途英语课程，能谈谈您的翻译教学理念吗？

彭：其实我的教学理念跟我之前提到的情怀有关系。我觉得作为翻译教师，不仅仅是教翻译技能，更多的还是用自己的知识、行动培养学生的人文素养，也就是我们现在提倡的全人教育理念。学生通过翻译课，学到的不仅是语言知识和翻译技能，更重要的是要有情怀。首先是爱国情怀，其次是做一个高尚的人，当然不一定每个人都能成为特别高尚的人，但最起码不能是一个卑鄙的人，一定要是一个好人。

我们要培养翻译人才，就包含了各种各样的知识，（学生）在以后的职业生涯当中，人文知识越丰富、越渊博，对他的职业发展来说会越好。无论是从宏观的家国情怀也好、人文素养也好，还是从微观的职业发展、技能的提高也好，我都觉得人文通识教育非常重要。专门用途英语实际上也是人文素质教育的一个方面，等于是把翻译课跟学生的专业知识结合在一起。我从 2006 年开始，到 2016 年左右，整整十年的时间，每个学期要教差不多十几个班，每周课时量在十到十二节，最高的时候达到十八节，全部都是笔译课，学生来自北外国商、国关、法学、中文等学院，他们毕业拿的是双学位。因为学生多，翻译老师少，而且大家都觉得翻译不好教，所以从 2006 年到 2016 年，北外所有双学位的翻译课，基本上就是我一个人扛下来的。

王：这么多节笔译实践课，加上改作业，真的是很不容易。我了解到您的学生对您的课评价一直很高。这些学生毕业后也有考取翻译硕士的，他们相对英语专业或者翻译专业一路读上来的学生，是不是较前一类学生更有竞争力呢？在您的笔译实践课堂上是如何培养学生的翻译能力?

彭：对，其实作为翻译硕士来说，有专业背景知识会更有竞争力。我现在英语学院工作，会特别关注学生专业领域知识的培养，比如这个学期我在教授本科生汉英翻译课程的时候，除了使用固定教材中的一些阅读材料之外，也会有意识地添加一些不同文体的翻译，引导学生去学习一些相关领域的知识，因为本科生其实还不完全知道以后要从事什么方向的翻译。我会有意识地教授商务、旅游、产品说明书、广告等文体的翻译，甚至还有古文的翻译，让他们多涉猎一点，这样，以后如果他们遇到类似的文体，就不会畏惧。其实咱们做翻译的都知道，每一篇翻译都是新的，面对原文都会心存畏惧，但是实际上如果曾经译过类似文体，拿到任务之后畏惧心理就会小一点，做起来也就更得心应手。

再比如，上典籍课的时候，我会摘一些最值得翻译的文本，按照历史顺序选出来，从古代的经典，一直到近代的经典。当然，这门课程最重要的是让学生了解典籍翻译中译者应该具备的素质，比如说对文言的理解、英文的表达。

最重要的也是一直贯穿在我的翻译教学始终的就是中西思维的差异，也就是一个授人以渔的过程。你翻译的东西不能一味地迎合外国人，但是翻出来的也不能是中式英语。我经常告诉学生一句话，“不要以中国译者之心度英语读者之腹”，就是说做翻译的时候，译者是分裂的，一方面你是中国人，对中文的东西特别理解，另一方面不能把这个东西完全移植到英文中，要用英语读者的思维去把它写出来，所以就必须了解中西思维、审美和文化差异，这一点是最难做到的。无论是典籍翻译，还是旅游翻译、散文翻译，我们很多学生有太多的东西难以割舍，就觉得有些东西你要不翻译的话色彩就没了，意境就没了。其实翻译不仅仅在语言文字上、在形合意合上，更重要的是熟悉中西思维上的差异，所以我一直在纠正学生思维模式，不停地在推广这个理念，让他们不要死板地翻译，关键就要告诉他是为什么，从而使学生尽可能自由行走于两种语言之间。

王：除了您刚刚提到的笔译课程，像“翻译概论”“中外翻译简史”这种理论性较强的课程，您在教学中的理念是什么，又是如何开展教学的？

彭：像这种课我是给研究生开的，这样的课程有些学生可能会觉得比较枯燥。比如“翻译概论”课程，我在教的时候会先把中外理论做一个概述，然后把翻译理论拆成几个阶段，或者说几个流派，找代表性的理论让学生去阅读。比如语言学派，我会让他们去读纽马克、奈达，我来指定这些学者的一本或两本（专著），还有莫娜·贝克的《换言之：翻译教程》；比如阐释学派，我就让学生去读乔治·斯坦纳；比如文化学派，我会让他去读巴斯奈特、勒菲弗尔，等等。我会选取 12 个有代表性的人物，推荐阅读书目，然后让学生上来讲，讲学者的学术背景、主要观点和影响。

有一点特别重要，就是在学生讲的过程中，老师永远都是参与的。我听过一些老师的课，如果让学生上来讲，教师基本是沉默的，这样的课堂气氛就特别不好。在我的课堂上，学生讲的过程中我会全程参与，也就是说学生讲到哪个点，我都会就这个点做说明，会谈及我自己的观点是什么，相关理论是如何指导翻译实践的。还有，我会问他们西方理论家的观点跟中国哪个学者的观点有相似之处，为什么。也就是说，首先老师一直是参与的，是点评的；第二就是进一步加深学生的理解；第三就是启发他们去思考理论跟实践的关系，或者这个理论跟另外一个理论的关联是什么。当然我们也可以是西方跟西方的比，比如我搞翻译伦理学，在讲翻译伦理的时候，我会讲到切斯特曼和罗宾逊，他们的翻译伦理有什么关联，有什么区别。有一次在课堂上，我说其实我思考这个问题很久了，如果哪位同学愿意跟我一起合作，我们来把这个写出来。有一个学生课下就找到我，说有兴趣，也看过一些这方面的书。我说那行，然后我把我的提纲和一些想法详细地跟她说了一遍，后来我们合作的论文就发表在《复旦外国语言文学论丛》了。

王：这样学生的收获就不仅仅是理论了，对学术规范和学术写作都会有更深刻的认识。您这种注重与学生互动的理念是从什么时候开始形成的？

彭：我在北外读研的时候，有些教理论的老师就是这样的做法，让我们去探究。对于这个过程中老师的参与程度，我自己也是不断地反思：老师怎么样引导会更有效？尤其后来我做了一点管理工作，去听老师们的课，就会发现课堂的气氛是活跃的还是沉闷的，其实跟老师的关系非常密切。作为一个老师，你要始终让学生知道你的存在。第二就是要启发学生的思考，尤其是给 MTI 上理论课，有的学生会觉得自己是专业硕士，以后也不读博，对理论不感兴趣。那怎么能让学生对理论感兴趣呢？我就将翻译理论进行纵向的和横向的比较，将翻译理论与翻译实践关联起来，有时候我还会启发他们去跟哲学、美学等学科结合起来，比如你不能只讲莫娜·贝克的社会叙述学，还要讲西方社会翻译学著作，社会学是怎么来的，是怎样的一个发展脉络，其实也很重要。

王：您谈到了自己上过的不同类型的翻译课，有专门用途英语，有笔译实践课，有翻译理论课，从您的课上可以看出老师的高度和深度决定了学生可以走多远。

彭：对，你这句话说得非常好。一个老师的高度和深度，决定了教学效果是什么样的，也决定了学生的眼界是什么样的，我觉得我自己的理念就是这样。所以说做一个老师真的很不容易，我们做学问的话要特别专，自己写论文要特别细，可是作为一个老师，你又要特别广，特别宏观，都要知道一点，然后再去教学生，这就起到了一个启发者的作用。

王：您让我想到了 William A. Ward 的一句话：The mediocre teacher tells. The good teacher explains. The superior teacher demonstrates. The great teacher inspires.（庸师讲授，良师解释，优师示范，大师启迪。）真正做到能启发学生的老师非常了不起。

精耕翻译实践：译、教、研相融合

王：您自己平时还做了很多翻译实践，能谈谈您在翻译术语方面的心得吗？

彭：这么多年我真的是磨出来了，从 2000 年读研究生的时候就开始做翻译了，所以我是学翻译、做翻译、教翻译、研究翻译，二十年来一刻也没有停止过。虽然自己各种事情也比较繁忙，但从来没有完全拒绝过翻译。一方面，我觉得一个翻译老师必须有新的素材带到课堂，另一方面，现在汉译英做得比较多，我觉得这也是服务社会。

说实话，这么多年什么翻译都做过了，在做的过程中，遇到术语的话，当然是先查词典了，最初那几年是查一些书店能买到的专业词典，比如计算机词典、石油词典，像商业的还好一点，比如财务、商务的这些翻译，其实查一般的词典也就够了，但是特别专业的话，就得查专业词典，比如医学词典等。我已经翻译完《中国互联网发展报告蓝皮书 2017》《世界互联网发展报告蓝皮书 2017》《中国互联网发展报告蓝皮书 2018》《世界互联网发展报告蓝皮书 2018》，已经由斯普林格出版。一本《互联网发展报告》并不是泛泛而谈互联网，它有很多分支，比如网络空间、黑客攻击、数字经济等，就是互联网发展的方方面面。一般像这种肯定没有最新的词典了。虽然我自己平时查字典是不用“有道”的，但是我在这方面觉得“有道”还可以用，因为它比较新。一些互联网的词我是先查“有道”有没有，查到了之后，再拷贝到诸如百度等搜索引擎，去看英文网站上有没有这种说法。第一年做完2017年报告翻译后，我就做了一个词表，等到第二年翻译2018年报告的时候，我就查一下上一年我用过没有，如果是新的再增加到这个词表里去。

我会通过自己的翻译经历告诉学生，做翻译同样也是为社会做贡献。比如我翻译的《中国互联网发展报告蓝皮书》，其中的总论部分中英文版在互联网发展大会上宣读。一些国家的参会代表就说我们英文做得非常好，而且他们可以直接从英语翻译成自己国家的语言，这就让世界听到了中国在互联网领域的声音。这个报告后来由斯普林格出版了，在2018年的法兰克福书展上展出，这样其他国家的读者就可以通过我的翻译读到中国和世界的互联网发展状况，以及中国对世界互联网发展的看法。工作人员后来告诉我这两本《蓝皮书》是世界互联网领域首次出版的相关著作，你说这个时候是不是成就感就会爆棚？我是这样想的，愿意通过我的翻译文字，对社会、对中国发展做出哪怕是一点点的贡献。

王：您有着丰富的翻译实践经验，这对您编著翻译教材影响应该挺大的吧？比如您最近新出版的《非文学语篇翻译》中就涵盖了多种实用文体的语篇。

彭：对，我觉得一切都是相关联的。在我看来，在教师的整个职业发展过程中，老师们不能急功近利。现在我们很多老师的唯一目标就是要写论文、发C刊、升职称。其实我觉得一个老师的发展应该是全面的，其中就包括这些“孤苦”的研究。你能说编教材不是一种研究吗？编教材，只要你在这方面做得好，把这个东西写出来，就能惠及更多的人。我们写一本翻译的专著，它的受众群体肯定不如编一本《非文学语篇翻译》《实用语篇翻译》或者《实用旅游英语翻译》这样的教材受众广，说实话教材对社会的贡献更大。

王：您编过的教材种类很多，所以您在编的时候就是秉持着让更多的学生受益这样一种理念吧，这也是为什么您的那本《实用英汉对比与翻译》会成为很多北外考研学子津津乐道的经典书目。您在编旅游、商务等实用文体翻译教材的时候，遇到的最大挑战是什么？

彭：最大的挑战就是素材不够新。可是怎么去搜集最新的材料呢？像《实用商务翻译》那本书就是我在商学院翻译教学的一个总结，是我不断积累材料、丰富材料、不断反思的成果。我现在编教材基本上所用的材料，除了经典文学作品以外，都会要求自己和其他编者选取最新的材料。比如说英译汉的那些篇章，我自己编的话，会从自己近几年做的英译汉翻译实践中去挑选，看看哪些可以用来做素材，这肯定是最新材料。如果没有的话，我直接上数据库里去找期刊，搜索相关主题词，搜一些材料，然后自己把这些文章通读一遍，看哪一篇文章适合讲翻译，这其间还要看选择这一篇里的哪一段，因为编教材不可能特别长，可能只取 300 词，所以要决定哪 300 词最应该用来做翻译和讲翻译。实际上这个过程，起码就占到编撰过程的一半以上时间。

王：可见选材的过程就是一个精挑细选的过程，对编写的老师来说是一个非常耗体力和脑力的事。

彭：没错，所以每次编完一本教材我都特别有成就感。比如说编产品说明书的翻译这一章吧，我除了找材料，会在知网上把所有的以"产品说明书，翻译"为关键词的文章都下载下来，把所有的文章浏览一遍，才能总结归纳，看看大家讲的共性是什么，自己在教学中碰到的情况是什么，能归纳多少点，这才能写进我的书里来，所以这绝对是一个研究的过程。讲课的时候，每一篇文章我都会告诉学生我为什么会选这一篇，这一篇里有哪些"翻译点"值得关注。

王：很多老师会觉得科研跟教学好像没什么关系，我觉得您刚刚恰好回答了这个问题。

彭：好多人会问这个问题。实际上，做学问，我们很多时候可以从编教材、写小的文章开始，慢慢累积。当然另一方面也要阅读理论，开阔眼界，增强理论修养。我觉得翻译教师可以把翻译教学跟翻译研究结合起来，就像我刚刚说的。

王：您在参加西南联大英文课的翻译和导读活动的过程中，是否收获了新的理念促进了教材编写工作？

彭：其实也不是什么新理念，还是我说的人文通识教育。西南联大的这个教材，就是一本大学英语教材，用我们现在的话说就是一门大学英语课，是西南联大不同院系的一门英语课。你会发现编者的理念就是通识教育。我在新书发布会上发言的时候说这是“英语教学中人文教育的一座丰碑”。你会发现整个材料里边有各种文章，小到有一篇文章叫“妹妹的出生”，很简单，但很温情，就是中国人用英语把它叙述出来的，充满人情味。文学类的有赛珍珠的译著、林语堂的处世之道，政治类的有美国的民主、英国的外交政策，等等。整体来说，它就是融贯中西的人文素质教育。

可是你看我们现在的教材，比如阅读教材、精读教材，往往所有的内容都是外国的。当然我们说学英语一定要学地道的英文，这没错。但是现在我的理念也在变，我带着西藏民大的老师编写《研究生综合英语教程》的时候，就意识到这个问题了，所以我就说素材一定要有中国的东西。比如编写一个哲学的专题，一定要有中国哲学和外国哲学或者是西方哲学，分别是 Text A 和 Text B。中国主题的素材可以找中国人写的外文加以润色，或者就是外国人写的中国主题。我正带一些民族院校的老师编一本旅游英语教材，提出的要求也是 Text A 和 Text B 中一定要有一个讲中国的，一定要把中国相关的题材或者中国故事放进英语教材里边去，这可能就是我领悟到的一个编写教材新理念。

王：您这个理念好！您在 2019 年被授予“中国文化交流年度人物”，这正是表彰您在中外交流中做出的突出贡献。您在有意识地传播中国经典的传统文化，那么在讲述中国故事的时候，您认为由谁来讲述效果会更好呢？

彭：这个问题很多人都在讨论，从历史上来说，外译中多，中译外很少。之所以很少，一方面，我们的文化从近代到现代都处于弱势的地位，就像佐哈尔说的，对弱势文化感兴趣的人很少；另一方面，外国懂中文、懂中国文化的人也少，国外翻译中国文化、中国文学的人基本就是大学里的汉学家，或者以前的传教士来翻译，他们也是为了自己的目的。当然也有一些是出于自己的爱好，但是数量很少。像翻译《射雕英雄传》，也是中国人跟外国人合作。像《中国通史》《世界互联网报告》这种，外国人很难说愿不愿意翻译。外国人译中国东西，一方面受到外国译者语言知识的限制，另一方面也受到翻译（原著）性质的限制，还受到整个中国文化在世界文化的地位这种限制，而我们又想把中国文化介绍出去，所以必须有更多的人来从事汉译英工作。需要懂外文、懂中国文化、对中国的古文有一定造诣的中国人来从事汉译英，这很重要。

我认为目前中国文化走出去，既要激发更多的外国人基于自己的兴趣爱好或者研究方向去翻译中国的哲学和文学著作，更要激励更多的中国人从事更广泛的中国社会、政治、经济题材的翻译。但是有一点，我在《本科翻译教学研究》和《翻译伦理学》中也提到过，我们整个社会对翻译的重视远远不够，也不能够激发更多的老师投入更多的精力去从事翻译实践和翻译教学。翻译教师其实挺难的，你要教中国文化、商务、法律等方面的翻译，知识面要特别广。目前，从横向来看，满足国家发展需求的高端翻译人才，尤其是高端汉英翻译人才是比较缺乏的。

王：是的。您曾经在论文中提及中国在20世纪80年代推出的“熊猫丛书”翻译，最终译介效果并不十分令人满意，这给我们敲响了警钟。在培养高端汉英翻译人才方面，除了您前面提及的要从中西文化思维差异切入，而不是单纯的教授翻译技巧之外，在笔译教学中还有什么需要特别注意的？

彭：那就是培养学生反思的习惯，在做了翻译之后要做好反思，然后根据反思再把译文初稿进行打磨，尤其是汉译英的练习。在这个过程中，学生从初稿到反思总结，再结合我讲的语言对比，进行多次打磨，最终形成的译本读起来真的像母语作者在写作，学生就很有成就感。我很注重培养学生在翻译实践中这样一种成就感、幸福感和获得感，或者就是通过一篇翻译培养学生“小确幸”的过程，所以很多学生回过头来会跟我说一句话，老师您改变了我的翻译观。学生们多年之后还能记得你，他可能在某一个回忆的片段里有你的影子；还有的学生毕业了很多年，忽然就说很想彭老师，后来就给我发了一个很长的微信，想起你对她的影响或者就是你上课的一个细节，这些可以说是做老师所获得的满满的幸福感。

王：翻译教学不仅是培养学生翻译能力，学生视野的开阔、思维的发展、未来的成长，都会受到老师的影响。

彭：学生的收获与成长就是教师最大的成就。平时我很注重培养学生的这种人文素养，或者说文艺范儿。在我的笔译课上，每次上课前我都要跟他们一起朗读中文的散文和诗歌，体味散文和诗歌中的形式之美、意境之美。他们一开始觉得好羞涩，但是后来就慢慢边读边体会，多年之后他们会在微博上留言说：“老师，我还记得您带我们读诗的日子。”

“腹有诗书气自华”：成长的源泉

王：非常感谢您跟我们分享了很多教学、科研和生活中的点滴，您成功地平衡了教学、科研、实践，以及生活中女性的各种社会角色。作为一名优秀的翻译女教师，您能跟我们分享您成长的心得体会吗？

彭：说实话，做一个职业女性真的是挺不容易的。有一句话叫"腹有诗书气自华"，可能我们很多时候的读书是为了功利，为了考试或者为了去写论文，但其实茶余饭后多读一些人文素养方面的书，哲学的、美学的书，哪怕一首诗、一首词，这些都是不可或缺的。

首先，读书多的女教师很容易获得学生的亲近感。一个女教师站在讲台上，首先是要用女性的气质、女性的风范来感染学生，所谓"腹有诗书气自华"说的就是文艺方面的。

其次，我觉得翻译教师要博学，这里涉及专业知识的广度问题。这种横向的发展对老师整个的职业发展都有帮助。一个老师必须博学，翻译教师首先要有翻译的知识和语言的知识，当然我前面也说过，还有很多专业领域内的知识，如跨学科知识、翻译知识等，知识面要宽。如果你要给学生一杯水，自己就要有一桶水，甚至自己就是一条河。不可能说一个老师只教法律翻译，或者只教旅游翻译。很多情况是：这个学期我教法律翻译，下个学期我又要教旅游翻译了。尤其是在本科阶段，学生本身就应该各方面的素养都有。因此作为老师，你的知识应该是横向的；但如果作为兼职翻译，就是做翻译实践来说，我建议可以就某个领域做得精一点。还有就是一定要跟上时代的节奏，要了解一些网络用语、热门话题，要跟学生有共同的语言，而且活到老、学到老，这是一个终身学习的职业。

再者，我觉得翻译教师必须要有翻译实践的经验，没有翻译实践就去上课是很尴尬的。翻译教师千万不要按照一本翻译书去教，更不要说拿一篇文章，让学生翻译，翻完后说我们来对一下参考译文——老师没有成就感，学生也没有获得感，这很不好。我觉得翻译教师必须有翻译实践，哪怕不是为了赚钱，只要翻译的这个材料它很容易带到课堂上去，譬如很宽泛的一篇商务论文或者一篇中国文化论文，假如有人找你做翻译，那你就做，做完之后就可以把这个材料拿到课堂上去，学生就会觉得你的教材是与时俱进的。在翻译的过程中，再联系要讲的翻译策略、翻译技巧，上课的时候就游刃有余了。翻译多了，很多例子就可以脱口而出，不需要写到PPT上，就在我脑子里面，学生就会很惊喜，会觉得老师很厉害。

最后就是翻译教师一定要阅读语言学的书和文体学的书，这对我们翻译实践教学特别重要。比如说语言对比、普通语言学的书，还有现代汉语，要了解两种语言。这句话要这么翻，那为什么要这么翻译？要告诉学生中西思维的差异在哪儿。还有不同文体的翻译，因为这涉及法律翻译、旅游翻译、商务翻译、文学翻译等，所以文体学的知识一定是要有的。

王：谢谢彭老师！您给的这几点建议十分中肯。

彭：作为职业女性，我最喜欢的一句话“有人爱，有事做，有期待”，送给所有的翻译教师们！“有人爱”，生活在爱里的人就会特别幸福，就会爱你的课堂、你的学生；“有事做”，要做有意义的事情，比如教翻译、做翻译、研究翻译；最后“有期待”，也希望大家都能收获生活中的“小确幸”。

访谈后记

采访中，我了解到彭老师在北上读硕读博之前已经有了稳定的工作，但她却选择了一条更为艰辛的路，在北京边读书边工作边照顾家庭，在人生的每一次转折点上都选择了“奋斗”。正是她对翻译和教学的一腔热爱，这么多年来学翻译、做翻译、教翻译、研究翻译，她一刻也没有停止过。彭老师的经历就是“终身学习”的最好诠释。不管教学管理工作有多忙，彭老师一直坚持做翻译实践，编著的翻译教材都是自己多年实践的总结，深入浅出。学生称她为北外“女神”，她说学生的收获和成长就是自己最大的成就。访谈结束了，可是彭老师的榜样铭刻于心：终身学习，乐学善思，踏实走好人生的每一步；认定目标，持之以恒地为之而奋斗，无愧于初心，无愧于教师的角色。

教研相长，润物无声

专访上海外国语大学章艳教授

受访者简介：章艳，上海外国语大学英语教授，博士，翻译学硕士生导师。主要研究领域为文化与翻译、翻译美学。出版专著《规范与偏离——清末民初小说翻译规范研究》《翻译美学理论》《翻译美学教程》。担任《翻译基础》《高级翻译》副主编。在《中国翻译》《中国比较文学》《外语教学理论与实践》等学术期刊发表论文二十余篇。长期从事文学、社科题材的英汉翻译实践，已出版译著两百余万字。代表性译著为《娱乐至死》，获2004年首届华语图书传媒大奖。目前教授课程包括“高级英语”“英汉口译”“翻译美学”等。

采访人：丁静雯，复旦大学外文学院2019级英语笔译专业研究生

（一）名师引领，治学育人

丁静雯（以下简称“丁”）：章老师，您博士读的是英语语言文学，请问是什么契机让您选择成为一名翻译教师呢？

章艳（以下简称“章”）：英语语言文学下面分为语言学、文学和翻译几个方向。我当时读的就是翻译学的博士，所以博士毕业也自然成了翻译教师。

丁：我了解到您读博士时的导师是冯庆华教授，后来又和刘宓庆教授一起编写了《翻译美学理论》和《翻译美学教程》，这两位老师对您从事翻译实践或者翻译教学有什么影响？

章：冯老师是我的博士生导师，对于我的求学来讲，他是非常重要的一个人。冯老师对我的翻译实践和翻译教学也许没有特别直接的影响，但我跟着冯老师研修了一些课，有了读书进修的机会，然后接触到了《红楼梦》的翻译。我们上课的主要内容是关于《红楼梦》的翻译，本来我自己从小到大就很喜欢《红楼梦》，学习的时候又能够研究《红楼梦》的翻译，所以整个过程应该说是非常愉快，没有那种读博士的痛苦。另外，冯老师作为老师，作为学者，包括和学生相处方面，我觉得他是一个很好的典范，他对学生真的是特别好，很尊重每个人，我觉得这点是非常值得学习的。

刘宓庆老师对我的影响应该说是更加直接。我们曾经是同事，我协助他编写了两本书，一本是《翻译美学理论》，一本是《翻译美学教程》。在这两次写作过程中，我从他身上学到了很多东西，一方面是关于翻译美学理论的知识，另一方面我觉得也是非常难得的机会，那就是亲眼看到一个老一辈学者是怎么做学问的。可能其他人没有这么好的一个机会。这其实是一种很偶然也很自然的机会，因为我这个人本身不是一个特别主动的人，因为是同事的原因，所以很自然就在一起做了很多工作。他对我的影响可以说非常大，而且也会一直影响下去。倒不是说因为他是一个名人，一个很著名的翻译理论家，而是因为他是一个特别真实、不世俗的学者。我现在因为教翻译美学这门课，用的是我们一起编写的《翻译美学教程》，每一年我上这个课的时候，可能都会提到他，或者会想到我们一起编书时的一些具体事情。这个对我来说是非常重要的，也是一种激励，我觉得会一直把翻译美学这一块的研究坚持做下去。

丁：这两位教授在处理师生关系上对您的影响很大。

章：是的，我和他们的关系在一定程度可以说是亦师亦友。冯老师对学生的好就不用说了，我觉得他是那种能够把每个学生身上的良善诱发出来的老师。我跟刘老师互相很认可，他也不是社交特别多的人，我们合作时间比较长，然后也一直保持着联系。我觉得我的学生，如果他们能够把我当朋友的话，我也会非常高兴。如果学生对老师很友好，老师肯定会很高兴，但是因为有年龄的差异，很多时候学生往往对老师抱着一种尊敬的态度，不一定会那么接近，可能会稍微有一点距离。所以我觉得，学生能够认可你这个老师，是因为他们喜欢你，把你当朋友，这对老师来说是一个最大的荣誉。

（二）赴美访学，拓展眼界

丁：您在翻译实践上硕果累累，其中《娱乐至死》还获得了2004年首届华语图书传媒大奖。章老师您觉得做翻译和教翻译有什么不同？

章：我是先做翻译的，后来正好也有机会，就开始教学了。我是1995年开始工作的，那个时候已经开始做实践了，这是一种很自然的过程，因为你有了翻译实践之后，又去读了翻译的博士，所以教翻译肯定是很一个很自然的结果。做了翻译实践之后，在教学中有一些自己的亲身体会，跟从来不做实践的老师相比，这个可能还是一个优势，就是说自己能够有真切的翻译实践的体会。

丁：您曾经有过到美国印第安纳大学做访问学者的经历。您认为美国的教学和中国的教学在哪些方面有明显的不同，是值得我们借鉴和学习的？

章：我当时去的是比较文学系。比较文学系对外语的能力要求比较高，因为除了自己的母语和一门外语，它还要求学生有第三门外语，所以比较文学系的学生都是多语种的。他们的翻译实践课，我觉得中国学生其实很难跟得上，因为选材基本上是各个国家的都有。有一点我印象蛮深的，就是他们的文学翻译工作坊，有一种目标语为导向的感觉，不太会去追求文本之间的忠实。我当时很吃惊，你想一个人，如果懂 1—2 门外语，那么他们翻译的那些文本包括希腊语什么的，其实并不是每个人都懂，可是他们在讨论的时候，每个人都很有想法，很活跃，这跟我们中国的翻译教学很不一样，我们其实很强调译文和原文之间的对等忠实。你要有根据地去翻译，但他们的这种工作坊，我不知道怎么讲，可能跟美国人的优越感也有关系。对他们来说，一个作品到了他们的语言文化中或者是他们的文学系统中，那就是以他们的标准来评判了。

我记得上课的时候我们分析了《源氏物语》的英译本，我当时觉得我们中国也有很多值得关注的文本，他们也应该要注意到，但其实他们没有。后来我还给教授写了一个邮件，给他推荐《红楼梦》，我说这其实很有意思，上课也可以拿来分析讨论。他说很好，要接受这个建议，但是我觉得他不太会用，这和文化权力还是很有关系。日本虽然是一个小国家，可在美国的影响力还是很大的，在文学方面，日本文学在美国被接受的程度超过了中国文学。

像另外一些理论课，阅读量非常大，有的时候学生一个星期都会泡在图书馆。比如说教师在某一个教学平台上面放阅读材料，有影印本有扫描本，学生就到那个地方去下载下来自己阅读，上课的时候讨论。老师上课其实讲得不多，在他们的课堂里面，学生的参与度确实比我们这边要高很多。

丁：这段访学经历对您的教学有什么影响？

章：我觉得对教学上影响不是很大，可能在视野上开阔很多。那个时候基本上每个星期都有讲座，那种讲座人都很少，我印象特别深，每个星期图书馆的讲座会摆一些沙发，摆一点吃的喝的，一般来听的最多也就十几个人。这一点跟我们国内的还不一样，国内我觉得大家都很好学，有些讲座爆满。举行讲座的那些人都是书上看到的名字，还是会对自己有一点冲击的，倒不见得是说他们的每个想法你都能够去利用，但是至少在那个过程中，我的眼界还是有所开阔的。

另外，我觉得在国外访学，尤其是对于我们学外语的人，资料的占有非常重要。当时有件事情我印象很深，有一天我在印第安纳大学的图书馆里发现，有很多排的书架全是有关中国文学的。我是2006年去的，那时候葛浩文在国内还不太有名，当时我在书架上看到了他翻译的杨绛《干校六记》译本和章楚的译本摆在一起。我很惊喜，就把它们扫描下来，后来回来上课的时候也用过，还写了一些论文。在国外学习，资料很充足，这对国内学者来说是一个优势。但现在已经过去这么多年了，网络可以解决很多问题，只是不像人在那里那么直观。所以我觉得，尤其是研究生或者年轻教师，还是要找机会出去访学一下，不见得说要经常出去，可是至少一定要有过这样的经历，真切地感受了解。

中美两国在教育上其实还是有很大不同，但是因为国情或者是学生背景差异的原因，我们对此能借鉴的其实很少。出国访学主要对教师本身的能力有非常大的提升，视野开阔了很多。他们的教学方法可能对于我们来说真的不太适用，因为他们研究生阶段的课，都是硕士和博士一起上，美国的学生很愿意开口，虽然有的时候我们感觉他们简直在胡说八道，他们就是愿意说。但是我们中国学生还是很谨慎，如果自己没有把握的话，很多时候就不愿意去讲话，所以像我现在做老师，也经常要逼着学生开口。这点我自己有体会，我不是那种特别主动的人，当时在美国的时候，我们课堂里有两个中国人，一个韩国人，我们三个是最沉默的。其他的全是美国人，那些美国人就抢着讲话。其实学会表达很重要。我觉得中国学生的沉默可能也是一种民族特征。总体来说，再活跃的学生到那样一个环境里，好像相比之下还是不能算是活跃的。

（三）译研为根，滋养教学

丁：谢谢章老师的分享。中美课堂确实有差异。您为研究生开了“翻译美学”这门课，非常受欢迎，请分享一下您是如何教授这门课的?

章：首先我自己很喜欢。在讲课的时候，我会带着这种感情去讲述一些东西。很多学生在学这门课之前会觉得这个挺玄乎的，以为就是美学，但实际上翻译美学并不是美学，而是借鉴美学的视角去研究翻译，感性和理性的东西在这里都很重要。有一些话题我觉得特别有意思，像英语和汉语语言美的分析，在平时的书或者文章里都是零零碎碎的，但是在《翻译美学教程》这本书里就有两个比较大的章节。这门课上下来以后，学生会觉得这两部分对他们来说帮助蛮大，尤其像汉语，我们平时虽然使用的是汉语，可并不会那么系统地去了解汉语美在哪里。

翻译美学理论里面，比如文化心理、审美情感这些话题也很有意思。这门课我上了好几年了，我没有去特别打听学生对这门课是怎么评价的，但是每次学生发邮件交作业的时候，就会顺带写一点话给我，我感觉他们好像还挺喜欢上这门课的。因为上外的翻译课很多，每年选“翻译美学”课的人比较多，从这两个方面我就间接觉得这门课上得应该还不错，其他的我也不知道了。

“翻译美学”这门课实际上是实践与理论两部分，它本身有很多感性的东西，感性一定是跟自己的经验有关的，我觉得我上这门课有一个优势就是我自己做过比较多的翻译，翻译心理我自己经历过，有一些真实的案例可以跟学生分享。一个学期也就 16 次课，容量也不是那么大，每次我会在课后给他们布置点比较短的小作业，比如翻译一首诗歌或者一篇比较短小的文章。还是要让学生自己动手翻译，有了翻译实践之后对有些话题才可以展开讨论。

但是总体来说它还是以理论为主。研究生这个阶段，除非那个课名称就叫作“翻译实践”，你可以名正言顺有很多时间做翻译练习，其他的课还是以理论为主。至于考核方式，我一般都会给学生选择，一个是论文，另一个是译文赏析。翻译美学里有一部分是语言审美和翻译审美，所以我就会让学生用在课上讨论过的一些审美理论去分析译文。还有第三个选择是写对这门课的感受或建议。但一般选第三个的人不多，因为学生觉得很难写得特别好，大部分学生还是会选择写论文。

丁：您在教这门课的过程中遇到过什么困难吗？

章：还好吧。这学期我连见都没见过他们，一开始就是在网上上课，我给他们布置任务的时候，就说你们各自认领。刚开始的时候我也挺担心的，网课不同于在教室上课，你看到这个人是一个真实的人，比较容易建立起互相的信任或好感。现在上网课只听到声音，这个人是什么样的也搞不清楚。但是我发现学生还是挺好的，每次我要是布置三四个作业下去，他们就会很快在群里认领，做得也很认真。所以总体来说困难没有那么明显。如果说真有什么困难的话，就是每年还是会有一些学生不见得说是真的特别对学习有兴趣，可能还是为了学分。所以有时候会一上来就问这门课好不好考，我会告诉他们不用那么担心考核，只要认认真真把整个过程完成了，就肯定不会有什么不好的结果。所以也还是跟学生有关，有的学生会很投入，你能够感觉到他的付出，然后你会很受鼓励。但是也不一定所有的学生都这样，会有一些学生上课的时候总是坐在最后一排，也不大发出声音。其实这也是很多大学老师面临的一个问题，希望学生会真正想要上这门课才会来选的，而不是为了学分来选，但实际上这是不太可能的，因为学生要做的事情太多了，我觉得我也能理解。现在硕士研究生毕业之后，不可能再像 10 年前、15 年前那样可以到高校里做老师，那么实践对他来说是非常重要的，理论对他来说可能帮助不是那么大，所以除非他特别喜欢学术，会愿意去做这样一个不会带来直接好处的事情。有的学生会把注意力放在马上见效的事情上面，我觉得这是可以理解的。

丁：您曾经提到过翻译理论与实践是一种彼此滋养的关系，您在教学中是如何将这二者结合起来的?

章：就像前面说的，如果没有实践，理论的研究会比较空洞。我觉得现在的翻译研究本身已经没有什么边界了，一方面就是跨学科，另一方面，翻译研究慢慢地不是一个独立的存在了。因为自己有翻译实践，所以翻译理论对我来说还是一个比较顺其自然的过程。我好像没有特意为了发表去写论文，基本上我最近几年写的东西也都是我在教学中，比如说平时跟学生上课的时候讲了一个什么知识点，然后自己能够多一点深入地思考之后，把它形成文章。当然我觉得对于现在年轻的老师来说这样做可能有点奢侈了，因为现在要发文章的话，你凭这样一种速度肯定是不行的，我没有评职称的后顾之忧了，自己性格也比较安静，所以就按照自己的节奏做事情，也不太活跃。

丁：章老师，您不仅教书育人，还发表学术论文、进行翻译实践，而且每一项都硕果累累，十分令人敬佩。现在许多大学教师，教学和科研的压力都挺大，您同时是一名教师、研究者、译者，承担了非常多的责任，有没有被任务紧追着、压力非常大的时候？

章：这个也是要根据不同的阶段来说。对于我这个年龄段，相对来说自己选择的权利要大一点。我可以想象现在年轻教师的压力一定非常大。他们在一个要求已经非常高的环境里面生存，教学和科研的压力与过去相比肯定不一样了。像我刚刚工作的时候，科研这个东西完全依你自己的兴趣，那个时候我觉得我挺喜欢科研的，所以有的时候写一点文章，就觉得自己是在搞科研，蛮有成就感的。但现在很多老师做科研可能不是因为喜欢，而是必须要做，不做的话可能考核方面没有办法通过，所以压力会非常大。

我现在是会有所取舍的。同时把每一件事情都做到最好，我觉得不太可能。作为老师，我觉得教书是我第一重要的工作，所以肯定要以教学为主，教学之外有精力了，我再去做别的事情。

翻译研究与翻译实践，我基本上是轮着做。我觉得两件事情肯定是没有办法同时做的。你要是接了一本书去翻译，一定是有截止日期的，现在出版社绝对不会说一本书给你一年的时间去翻译，基本上都是半年或者六七个月就要交稿。所以如果要做翻译的话，肯定得把手上的研究放下来。翻译对我来讲，不要让它成为自己的一个负担。我基本上也就两三年翻译出版一本，我翻译的书加起来有十二三本。一年翻两本，对我来说是绝对做不到的，自己的精力不允许，另外也会影响其他方面，所以这还是要有一个取舍。

丁：您是在上外的国际金融贸易学院任教，金融和国贸专业的学生与英文专业的学生背景不同，起点也不同，您在教学过程中觉得他们之间有什么差异？

章：是这样，我之前在同济工作了十七年，一直教的是英语专业的学生。后来上外这边缺老师，我的导师问我愿不愿意来上外，我很信任他，就来了。他当时跟我说了一个吸引我的地方，他说国际金融贸易学院的学生每年也都是要考专四专八的，跟英语专业一样要求，而且专四专八考试成绩都是全校数一数二的。

另外，他们用的课本跟我在同济用的课本是一样的，所以当时的感觉就是这些学生虽然不是英语专业的，但是跟英语专业学生的标准是一样的，过来以后感觉学生确实很好。我上课的时候，至少我自己感觉，跟在同济给英语专业学生上课是没有任何区别的。我也不会降低难度。甚至他们有的时候让我很惊喜，我们每个星期都会有用英语汇报“每周新闻”，会对当时发生的社会事件做深度分析，有时候会涉及一些跟经济有关的内容，他们讲的东西我真的不太懂，这是我向学生学习的时候。

但是如果从老师的角度来说，做英语专业的老师肯定是比做非英语专业老师的成就感要大，因为你对学生的影响是不一样的。对英语专业学生来说，他们未来可能会成为像你这样的人，但对于非英语专业的学生来讲，他可能会挺喜欢你，可是他不觉得以后会成为一个英语老师，那种相对的重要性不一样。其实上外的学生不管是什么专业，整体英语水平都挺高，所以教起来其实也没什么区别。

（四）静水流深，超越局限

丁：您认为女翻译教师在整个翻译教师行业中是一种怎样的存在？和男翻译教师有什么优势与劣势？

章：我觉得这个可能跟翻译教学没有特别直接的关系，我觉得像复旦的英语专业，肯定也是女生多吧？如果男老师足够好的话，肯定会更受欢迎。但是如果说起优势，我倒是觉得在这样一个女生多的环境里，女老师跟学生的相处会更容易一些。男老师现在没有办法跟女同学走得那么近，还是有很多约束的。我每年招的研究生基本上都是女同学，我也知道该怎么和她们相处，跟她们也会走得近一点。

丁：其实现在社会上有这样一种观点，即认为进入翻译教师行业的女性非常多，但是能成为翻译大师的女性却非常少，翻译大师大部分都是男性。您如何看待这种观点？

章：我觉得现在成为翻译大师已经很难了，不管是男是女都很难。当然名气和宣传有关系，所以因人而异。现在大部分的东西跟媒体有关，有些人宣传得少的话，可能大家也就不太会知道。

如果要说性别的影响，可能跟女性在家里承担的责任还是蛮有关系的。像我一些年轻同事就一直向我抱怨。但我那个时候，孩子的教育没有像现在让父母这么紧张，相对来说比较自然地度过了，没有太操心。但现在的妈妈们，我觉得她们在孩子身上花的时间太多了，每天接送，还有课外辅导什么的。有时候出版社找我时，我自己没时间或者是题材不太合适，希望能够介绍我的同事去做点翻译，但我的同事会说：好是挺好的，可是怕我不能按时交稿。我一听她们这样讲，也就不会去强求了，因为她们只要接下来的话，时间的投入就会很大。相对来说，男性在这方面的牵挂会少一点。

另一个方面，我觉得人们对一个人翻译实践的认可跟他的理论研究还是有点关系。如果你只是专门做实践，假设又是一个大学老师的话，别人对你的了解会很少，因为大学里面的翻译实践相对来说分量不是那么重。但如果你在研究方面获得了一定的认可度，你的实践可能会是一个加分项。像我们都很熟悉的许钧老师，他其实翻译了很多作品，可是我们知道的主要还是他的研究。如果他没有研究，只有实践的话，影响力可能就没有这么大，所以这确实是个矛盾。有人擅长做研究，但是他可能不一定去做实践，或者说有人实践做得多，但是没有一个平台让他得到认可。所以我觉得其实还是有很多其他因素，不是你翻译得好不好的问题，其实也是需要一定机遇，比如《哈利·波特》的作者J.K.罗琳，译者马爱农和马爱新很有名，但如果换成其他读者比较少的书，作者和译者可能也就不会那么有名。

丁：您认为一名优秀的女翻译教师应当具备哪些素质?

章：一方面，肯定是需要对翻译理论有比较系统的了解。既然作为教师，还是要有理论素养的。另一方面，不管是多是少，一个翻译教师一定要有一点实践，否则的话没有说服力。理论和实践这两个就像我前面说的，是彼此滋养的关系，这是我一个特别真切的感受。这两样少一样的话，对于翻译教学来说都是不够的。现在有一些课可能侧重翻译技术那一块，那就另说了。但如果是传统意义上的翻译教师，我觉得理论和实践缺一不可。

访谈后记

采访之前，我在网上搜索了章艳老师的相关信息，想知道一位译著等身并且备受学生喜爱的老师是一个怎样的人，结果并没有发现什么有参考价值的信息。采访结束后，我才了解到，章老师是一个喜欢安静的人，也许正是这份“沉静”，才让章老师静下心来，享受翻译时光。只有真正喜欢的书，章老师才会去翻译。言谈间我可以感受到她发自内心的对于翻译的热爱，而这份热爱在这个浮躁的世界是多么难能可贵。作为一名教师，章老师温柔又坚韧，和蔼又从容，像水一样包容学生，像灯一样指引学生。如何成为一名优秀的翻译教师，采访完章老师，我心中已经有了答案：用热情去进行翻译实践，用耐心去滋养学生，不追求功成名就，在自己熟悉与热爱的领域发光发彩，这就是一位优秀的翻译教师简简单单的幸福与快乐。

深入译苑，研编不辍

专访北京外国语大学马会娟教授

受访者简介： 马会娟，北京外国语大学英语学院教授，博士生导师，教育部青年长江学者。南开大学博士，英国爱丁堡大学博士后，美国蒙特雷国际研究院、哈佛大学访问学者。目前担任中国翻译协会跨文化交流委员会副会长，中国英汉语比较研究会理事。现任《翻译界》主编以及国际期刊 *Perspectives* 等多家期刊编委。主持国家社科基金项目两项，在国内外学术期刊发表论文八十余篇，出版学术专著、专业教程、学术译著十余部。《汉译英翻译能力研究》荣获 2014 年北京市第十三届哲学社会科学优秀成果二等奖。研究领域为翻译理论、翻译教学、翻译与跨文化研究。教授“汉英笔译”“翻译理论”等课程。

采访人： 洪是光，欧盟 Erasmus + 项目在复旦大学的交换生，巴塞罗那自治大学翻译与跨文化研究院 2019 级博士生

（一）勤于笔耕，扎实科研

洪是光（以下简称“洪”）：马老师好！2016年您入选教育部青年长江学者，是翻译领域被评为青年长江学者的第一人。在如此激烈的竞争中，请问您是如何脱颖而出的？

马会娟（以下简称“马”）：无论在哪种工作中要出类拔萃，一个人付出的一定要比他人多一些。中国有几个国家级人才项目，比如“国家杰出青年科学基金”“青年拔尖人才支持计划”等都是理工科的项目，文科只有“长江学者奖励计划”。不仅如此，在名额分配中，文科占的比重又相对较少。例如，第一届青年长江学者项目理工科大约有八十人，而文科不足二十人。在这样竞争激烈的情形下，一个人如果想要成功入选，付出肯定要多一些。我刚开始工作的时候，孩子还小，当时孩子的爷爷帮忙带她，他很不理解为什么我上完课，还要整天坐在电脑前搞研究。他是中学教师，上课比大学老师多，课后没有什么科研任务。网上传过一些段子，有人说老师工作很清闲，有人说老师从早到晚搞科研，很辛苦。其实如果只教学、不做科研，这样的老师确实是比较清闲的。比如一些教公共课的英语老师，虽然上很多课，但基本都是重复的课程，一张PPT可以在不同的班级多次播放。我有一个博士生和我说，她在北京一所高校读MTI的时候，就特别羡慕大学老师的生活，上完课回家品品茶、做点自己喜欢做的事情，很令人羡慕的一种生活。但我认为我不是这种类型的老师。当然，我也不想成为那种只是为了取得教授职称而写论文的人。实际上，目前的学术界有相当一部分人是这样的。你可以观察一个人的论文发表情况：一个人在取得教授职称后，如果仍持续发表论文，那么我们可以认为他是一个值得学习和敬重的学者。

洪：我看到您经常发表文章、参加学术会议，2019 年您还申请到了美国富布赖特项目奖学金。您确实做到了您刚才所说的“不想成为只是为了取得教授职称的人”。

马：一个优秀的研究者应该在自己的学科领域坚持自己的学术兴趣。对我而言，职称只是对一个人学术成就的认可。研究者想坚守自己的研究，肯定要有所付出。学术的路上“没有捷径可走”，踏踏实实地教学、做研究，本身就需要大量的时间。

洪：我特别认同您的观点。您主持过两项国家社科基金项目，即“汉译英翻译能力研究”和“中国现当代文学在英语国家的翻译和接受”。其中“汉译英翻译能力研究”是您的第一个国家社科基金项目，当时这个课题还是比较前沿的。您能分享下经验吗？

马：可以。汉译英能力的发展这个项目与我的翻译教学密切相关。在汉英翻译教学中，我思考的是，作为教师，如何有效培养学生的汉译英能力呢？我阅读了一些相关理论文献，课堂上积累了丰富的教学素材，我尝试按照我自己构想的教学理念进行授课，培养学生的汉译英能力。所以，这个项目在申报之前，我就已经开始在我的教学中进行了理论探索和实际应用。以这个课题为基础的专著《汉译英翻译能力研究》出版也非常顺利，后来还获得了北京市第十三届哲学社会科学优秀成果二等奖。

洪：您不仅有专著，还编写教程。你编写的《商务英语翻译教程》重点讲解了各类商务文体的翻译原则和方法，理论与实践相结合。请问您编写教程的初衷是什么？

马：我不喜欢用已经出版的教程，出版的教程翻译练习一般都会附有参考译文，而且也缺乏时效性。另外，北外的学生喜欢具有挑战性的翻译。我课上给学生的翻译材料都是自己平时搜集的。我在给人事部翻译资格证书考试出题时，会有意选取一些材料作为试题，这些材料大多选自 ECONOMIST、TIMES、NEWS WEEK 等刊物中有关当下的新鲜话题，同时又具有一定的难度，然后自己进行试译。这样日积月累，就积累了大量的教学材料。课堂教学效果良好，在此基础上，我编写了这本教程。

洪：您多次去英国、美国等欧美国家进修和访学，请问这些经历对您的翻译研究及翻译教学产生了哪些影响?

马：无论是做研究还是从事其他工作，一个人都会有职业发展的瓶颈期。教师如果十年如一日的教学，实际上是处于不停“燃烧”自己的状态。但是这种“燃烧”，是需要“充电”的。只有适当地“充电”，教师才能持续成长，才能对教学和研究有更大的帮助。我特别珍惜出国研修的机会，原因有三：一是可以有更多的时间集中精力查阅国外最新的资料。我2005年出国时还没有电子刊，信息有一定的滞后性，所以那时候出去如饥似渴地阅读、获取新的信息。二是可以和同行专家快速地进行信息交流。我在美国蒙特雷国际研究院的时候，翻译项目主任会组织教师进行小范围的研讨，大家谈论读过哪些新书、有何新观点等，这样可以很快地了解国外同行专家的最新研究成果。我也常常告诉学生有机会要多出去开阔视野，给自己“加油”，这样无论是对于教学还是从事研究工作，都会产生非常积极的影响。三是可以把最新的资料及时分享给学生，使学生受益。2019年我参加了伦敦大学举办的一个学术会议，有个香港教授的主旨报告是关于博物馆翻译研究的，他提供给与会者一些博物馆翻译材料。我回国后上课时就把这位教授所讲的内容及材料分享给学生们，使得他们能够及时获得最新的研究成果。

洪：学生肯定受益匪浅。谢谢您的分享。

（二）循循善诱，致力教学

洪：您认为翻译研究与翻译教学是怎样的关系？

马：是一种互补关系吧。

洪：您的这些研究成果是怎样运用到教学中的呢？

马：我的博士论文是翻译理论研究。毕业后我到北外工作，北外传统上特别注重教学，教师的第一件事就是要站稳讲台。我的汉英翻译教学，不是每天让学生做不同的翻译练习，而是从培养、提高学生翻译能力的整体设计出发，每次课上的练习和讲解的侧重点都有所不同。例如，这节课的教学重点可能是提高学生的翻译查询能力，下节课可能会主要培养他们的语言能力，再下节课可能着重培养他们的文化意识和跨文化交际能力。我在《中国翻译》上发表的文章《发展学习者的汉译英能力——以北外本科笔译教学为例》，实际上就是我教学成果的一次总结。

洪：感谢您细致的解答。在翻译研究、翻译教学和翻译实践领域，您三者并行。我曾拜读过您翻译的译著《重塑梭罗》以及《美食天地》《胖子与瘦子》等文章。您翻译实践经历丰富，能谈一下这些经历对您的教学所产生的影响吗？

马：我一直认为，一位教师如果有丰富的翻译实践经验，对翻译教学无疑会起到积极作用。我有时会用自己翻译过的资料进行教学，这样教学效果更好。《汉语世界》杂志有个《美食天地》栏目，我为这个栏目翻译过一篇关于麻婆豆腐的文章。虽看似简单，但由于中西方文化的差异，实际操作起来并不容易。譬如，中国烹饪说“下淀粉勾芡”，翻译时你不能直接译成把淀粉扔在锅里。中文表述有时会说“加少量的盐”“放适量的糖”等，直译成英文也是不合适的。

洪：是的。西方人很难理解少量或适量到底是多少。

马：我在美国访学时的房东烹饪时会使用一套量器，放多少油、多少盐、多少糖，他都严格按照标准来。所以，即使是翻译一道菜，里面的学问也很大。比如“锅里加油”，如何翻译这里的“锅”呢？学生翻译出很多版本，像“pot”“pan”，等等，然而这些单词都不是很恰当。中国的炒菜“锅”英语里没有；英语中的对等词“wok”是从粤语音译的。翻译经验丰富又有研究基础的老师课堂上自然会将理论与实践相结合。因其理论阐释有实践的支撑，所以更具说服力，也更能激发学生的学习热情。

洪：的确是这样。您既在中国从事翻译教学，也在欧美等高校有过访学经历。您认为中西方翻译教学有哪些异同呢？

马：我曾在英国爱丁堡大学和美国蒙特雷国际研究院各访学一年。西方的翻译教学我主要以蒙特雷为例，中国的翻译教学我以北外为例。蒙特雷与北外都强调口笔译教学，从人才培养的角度来说，这两所学校都培养了大量的优秀口笔译人才。但两者在教学方面主要有以下三点不同：

其一，师资方面存在着差异。蒙特雷有母语教学的优势，所以中国留学生的汉英翻译能力会提高得快些。我国更多的是非母语者教学，我本人也教过汉英翻译。现在很多老师教笔译时都会让学生去查找平行语料库，来查证翻译得是否地道。为什么会这样呢？如果英语是母语的老师对学生说“这样翻译不好”，学生会问“为什么呢”。老师答复“因为这种译法拗口”，那么学生就不会采用这个译法。但如果中国老师这样说，学生会对此持怀疑态度，他们就会去查找一些平行文本进行验证。所以在逆向翻译教学中，对学生翻译能力的培养方法是存在差异的。但这仅仅是因为教师的母语不同而导致的差异而已，并非是教师的能力问题。在蒙特雷的中国老师是用汉语授课的，但在北外，无论是学生还是负责教学的领导，都期望老师们用英文授课。

其二，对理论教学的关注度不同。国外翻译专业的本科生大多不写学术论文，但是北外会更多地关注理论教学，要求翻译专业本科生的毕业论文是学术论文，而且北外本科阶段也会开设学术写作课、翻译理论课等。通过我所指导的学生可以看出，由于北外本科生经过学术写作的培养和训练，他们的论文写作能力扎实，有时甚至会超过一些非北外生源的硕士研究生的水平。所以，我招博士生时，会比较喜欢录取受过学术写作训练的学生，指导起来会更容易一些。

其三，培养的目标不同。国外培养的目标更多是职业翻译，北外则不然，北外的学生大多数会继续深造。我指导过一些优秀本科生，由于其经历过严格的学术训练，有学术论文写作的经验，他们继续深造时即使报考其他学科专业，也能迅速在专业学习中表现突出，因为科学研究的道理是相通的。

洪：的确，文科的学习其实万变不离其宗。还有一个问题请教您，教师在课堂时间有限的情况下，如何在语言学习和口笔译能力培养两者之间分配时间？

马：我认为，语言学习一方面是课堂教学，但更重要的是学生的课后学习。北外强调小班教学，旨在夯实学生的语言基础。但即使是小班教学，分配给每个学生练习的时间也是有限的，所以老师会布置大量的材料让他们课后练习。关于对口笔译能力的培训，实际上也包括对语言能力的训练。语言能力较强的学生不一定是因为他有多聪明，更多的可能是因为他勤奋。比如，有的学生课后可能打游戏或做社团活动，有的学生则会把精力用在学习外语上。北外的学生都是非常努力的，很多学生自愿为《经济学人》等做翻译工作。他们并无任何报酬，但是为什么仍然愿意做这个翻译呢？因为他们想在这个团队里得到磨练和锻炼。在蒙特雷，我也时常在周末见到学生们聚在一起练习口译。我经常对学生们说："大家入学时学习成绩差不多，但在校期间你们是否努力学习，有可能决定两三年后你们之间的差距。"

洪：老师说得有道理。下面想请教您是如何培养博士生的。以我所在的巴塞罗那自治大学为例，学院不设必修课，学生可以自主选择参加校内外的讲座、学术会议等。但对参与讲座的时长、会议发言的次数等设有具体要求。

马：中国高校一般要求博士生第一年上课修完规定的学分。除了一些必修课，我还会给学生们开设研讨课。研讨课的授课教师不仅仅是导师一个人。我做翻译研究中心主任时，经常邀请国内外的优秀学者来北外讲学，我会设计一些翻译研讨专题，请专家和博士生们一起研讨，了解国外最新的研究状况，开阔学生的学术视野。另外，博士生也会根据各自的大论文进展情况定期进行汇报，这样形成了一个很好的学术交流共同体，互相学习，共同进步。

洪：据我所知，我所在的巴塞罗那自治大学的博士生从入学开始就与导师单独联系，导师可以针对学生论文进展、研究中出现的问题等方面进行一对一指导。国内高校博士生的集体研讨课很有意思，您认为有哪些裨益呢?

马：我认为博士生参加集体讨论非常有必要，因为博士论文写作中的一些问题是相通的。博士生在正式的博士论文开题和答辩之前，我一般都会要求他们对其论文进行多次汇报和研讨。在这个过程中，一、二年级的博士生不仅可以逐步了解博士论文写作的整个过程，而且还能掌握博士论文写作需要注意哪些问题以及如何解决，这对博士生的论文选题和写作等都会有很大的帮助。博士生们告诉我研讨使他们受益颇多。在我外出参加学术活动时，博士生们有时也会自己组织讨论。另一方面，参加研讨课还有一个很重要的作用，就是缓解博士生们写论文的心理压力和焦虑情绪，因为一个人做研究、写论文时难免感觉到孤独，有时也会钻牛角尖、感到苦闷。

洪：是这样的，多讨论可以集思广益。

马：我有一个博士生，她申请到了出国交流一年的机会。然而，在国外时，她的论文进展并不顺利，离家又远，而且她同宿舍的博士生中途退学也影响了她，她感觉研究做不下去，很焦虑。我通过邮件联系，建议她多参加当地的学术研讨活动，多和朋友、家人交流沟通自己的学习情况。令人欣慰的是，她最终调整好了自己，并顺利完成了学业。可以说，读博士不仅仅是博士生学术能力的成长并写出一篇优秀的博士论文，同时还要学会如何面对科研工作的压力。

洪：非常感谢您对博士生指导的分享。还想请教您一个问题：从2020年起，计算机辅助翻译课已被纳入我国本科翻译专业的必修课之中，您认为在AI急速发展的热潮下，翻译教师是否都需要掌握CAT工具呢?

马：这需要从两个方面来看。一方面，从事笔译教学的老师需要了解一些翻译技术。学习使用CAT工具是大势所趋，掌握此技术可以帮助译员尽快满足翻译市场的需求。这次疫情的信息时效性就是最有力的证明，完全依靠人工翻译速度太慢。又如，阿里巴巴双十一促销，有很多境外客户购买商品，单凭人工肯定满足不了市场需要，而用机器翻译再进行人工译后编辑，可以满足海量客户的订购需求。然而，另一方面，例如外交场合的发言，机器翻译肯定是无法替代人工翻译的，因为类似这种场合的翻译还需要口译员的组织、协调和跨文化沟通能力。可以说，机辅翻译可以帮助人们做一些低端的翻译工作；当今社会仍然需要高端翻译人才。我不认为所有的老师都需要掌握CAT工具，因为我们有专门的老师教计算机辅助翻译课。当然，掌握了这些工具可能会对教师从事翻译实践有帮助。

（三）句斟字酌，无私奉献

洪：您除了是一名研究者和教师之外，还是一位主编。您是如何想到要创办《翻译界》的呢?

马：说到《翻译界》的创办，你可能也了解一些，其实在国内想发表翻译研究论文很难。有的高校要求博士生发表C刊或以上论文，但是我们翻译专业的期刊非常少，只有《中国翻译》《上海翻译》是

C 刊。所以，翻译学科如果要发展，学者们就需要一个交流的平台，要有更多的翻译学者可以进行交流的专业翻译学术期刊。

洪：您能分享下创办《翻译界》的初衷吗?

马：创办这个期刊的初衷有两个：一是我个人意识到发文章难的问题。虽然我已是教授，但由于期刊数量少，投出去的文章也依旧存在三个月或六个月后退稿的情况。二是我同意霍尔姆斯在他的论文“翻译研究的名与实”中提出的观点：翻译学要成为一门独立的学科，一定要有供学者们就翻译话题进行交流的平台，而不是语言学家谈翻译发表在语言学期刊上、社会学家谈翻译发表在社会学期刊上、历史学家谈翻译发表在历史学期刊上，等等。霍尔姆斯认为翻译专业期刊（交流平台）的缺失是翻译学科发展的一大障碍。我们没有自己的专业期刊，翻译学者就没有归属感。我认为中国翻译界应该有更多的学术期刊，所以在北外领导的鼓励下，我们创办了《翻译界》。

洪：主编《翻译界》对您的教学或者研究产生了哪些影响?

马：我可以认识更多志同道合的同行，年轻人居多。在学术会议上，经常有年轻人跟我说，“马老师，我写了篇文章，想请您指导一下，看能否发表在《翻译界》上。”我会鼓励他们投稿给《翻译界》，并给他们提出修改建议。对我来说，帮助年轻人在学术之路上成长是非常有意义的一件事。

如果要讨论这个期刊对我个人产生的影响，实际上很辛苦。做编辑就是为他人做嫁衣。创办《翻译界》后，我自己的论文写作数量明显减少。但是另一方面，我也因《翻译界》结识了更多的朋友，读到了很多优秀的文章，我自己的学术能力也在不断成长。

洪：期刊是传播知识的窗口和阵地。您是如何把中国译学的理论、教学与实践通过期刊这个窗口传递出去的呢?

马：《翻译界》的办刊宗旨是“鼓励原创研究，兼顾理论与实践，服务学术与社会”。它为我国的翻译学人搭建了一个新的交流平台，能够及时地、较为全面地展示我国翻译学科的学术前沿成果，推动了新时代我国翻译学科建设的繁荣。还有一个好消息，《翻译界》拟创办一个英文国际版，这样我们中国学者的翻译研究成果就可以及时地走出去，更方便地与国际学者进行学术交流。

洪：您对稿件录用的侧重点是什么？您对投稿者有哪些建议？

马：《翻译界》实行同行匿名评审。我希望外审专家主要从以下五个方面来评审论文：语言是否通顺、可读，是否有新观点或新的研究方法，结构是否合理，写作是否有逻辑性，是否符合写作规范。我在以前的采访中说过，《翻译界》在是否录用某篇稿件时，更看重论文的内容和质量，不以作者学历或职称高低作为评判依据。我非常欢迎青年教师，特别是在读博士生投稿。青年研究者如果向一般的刊物投稿，不仅成功率高，也能得到编辑更多的帮助。投稿的过程实际上也是学习学术论文写作的过程。

我认为一篇好的文章，首先题目不应过大，这样可以避免内容空洞、不深刻等问题；其次是内容要新颖，这就需要定期关注与自己研究方向相关的国内外最新研究成果，积极参与学术会议等；第三，语言表达要清晰准确，写作符合学术规范。在投稿前，可以先对文章进行自我审核。文章放置一段时间后再进行修改，效果可能更好，因为这样更容易发现文章中的问题。

洪：访谈结束之际，您对有志成为翻译教师的同学有哪些寄语呢？

马：年轻人想成为高校老师的想法是非常好的，特别是有志在翻译学科做出成就的同学。青年学者和博士生最好养成定期阅读论文的习惯，至少每周或每月有计划地阅读国内外期刊上最新发表的论文，日积月累、厚积薄发，一定能为自己正在进行的科学研究工作打下坚实的基础。另外，还要经常阅读相关领域的经典理论著作及论文，提高自己的理论修养。在阅读他人论文时，不仅要认真研读其内容，还要学习作者如何提出问题、解决问题，以及优秀论文的写作方法。只有通过读文章，我们才能学会写文章。只要沉下心来多读书，读好书，我相信同学们一定能取得杰出的成就。做学问是一场修行。我们不仅要在学术领域不断尝试和创新，还要在生活中磨练心志。做学术虽苦，但也有它独特的乐趣。

访谈后记

访谈期间，马会娟老师分享了多年以来丰富的教学、研究及编辑的宝贵经验。马老师对翻译理论的独到理解，对语言素养的特别重视，对文学翻译研究的热情，都给我留下了深刻的印象。她对教育事业满腔热忱，设身处地为他人着想。她不仅对学生关心无微不至，而且和同行之间也是积极交流合作。马老师这种全心投入工作、无私奉献的精神将会一直鞭策着我砥砺前行，勿忘初心。在采访过程中，马老师的幽默风趣，加上她形象生动的举例，让我如沐春风，深深为她的魅力所折服。如果我将来能够有幸成为一名教师，我一定也要像马老师这样谦和待人，执着奋斗，快乐前行，以一已之力去帮助他人，奉献社会。

循循善诱育英才，孜孜不倦做学问

专访宁波大学辛红娟教授

受访者简介：辛红娟，宁波大学外国语学院教授，博士生导师。南京大学外国语学院文学博士，中南大学哲学博士后。中美富布赖特研究学者、教育部新世纪优秀人才、浙江省高等学校“钱江学者”特聘教授、浙江省宣传文化系统“五个一批”人才等。主要研究方向：翻译理论与实践、中国文化典籍海外传播。主持国家社科基金、教育部、中国博士后基金等各类课题十余项；获省级教学、科研奖十余项。在《中国翻译》《外语与外语教学》《外国语》《国际汉学》等学术期刊发表研究论文近八十篇，论、译、编著（教材）近三十部。

采访人：崔燕，安徽工程大学外国语学院副教授，复旦大学外文学院访问学者

（一）循循善诱育英才，翻译教学有成效

崔燕（以下简称“崔”）：辛教授，我在看您署名的论文时，有两篇引起了我的特别注意——您指导的一位硕士研究生费周瑛发表在《上海翻译》和《浙江社会科学》上的论文，我觉得她的研究做得非常扎实，一个硕士生能够把论文写得这么好，研究做得这么深，非常少见。除了这个学生的个人能力、个人特质以外，我觉得肯定跟老师的指导密切相关。您能不能谈一谈，您是如何在课堂内外启发学生、激励学生，然后带着他们一步步开展研究的？

辛红娟（以下简称“辛”）：讲到这个学生，我觉得是我从教25年来，最兴奋的一段师生互相推动的学术缘分。这中间，正如你所说，有学生自身的条件，可能也有我的原因。我当导师已经15年了，这个学生是最突出的一个例子。

2016年9月，她来到宁波大学学习，10月我们邀请了黄友义副局长来做讲座——关于讲好中国故事、构建中国海外话语的讲座。她听了以后就很感兴趣，过了一段时间，她找到我说，“老师您是做《道德经》英译研究的，如果我做典籍翻译，是不是您更擅长指导我呢？”我说：“我确实在《道德经》研究方面做了十几年，整体的典籍翻译我也在关注，不过还是你自己决定到底做什么吧。”结果第二个星期，她拿了一个很长的电子文本，还有纸质文本，说她想做王阳明《传习录》英译研究。其实那一下我蛮兴奋的，因为《道德经》是中国古代文史哲结合的一个经典，《传习录》也是，或者说《传习录》更多的是哲学气息。我就跟她说这个选题很好，跟我的研究很接近，指导起来我会有底气一点，但是这个研究是一条比较苦的路，而且不容易出彩，还得有哲学底子。

面对这些可能存在的困难，周瑛同学并没有退缩，在接下来的寒假中，埋头文献，撰写了一份三万多字的阅读报告。第二年（2017年）4月，我们学院承办了第七届全国应用翻译研讨会，她当时是研一，关于《传习录》翻译研究的这篇文章写了一万多字，我就鼓励她去投稿。经过匿名评审，这篇文章被评为一等奖。颁奖的时候，大家说看到了外语界的未来。就在这个会议上，《上海翻译》执行主编傅敬民老师直接跟她约了这篇文稿，这就是她的第一篇文章。当然，在正式刊发出来之前，这篇文章我和她一起改了十四遍。

我觉得这个学生的思考能力很强。“比较哲学视阈下陈荣捷中国哲学典籍外译路径研究”清样定稿后，她给我发来一篇题为“论文写作的那些事儿”的总结，将十数次修订分为选题、论文框架、逻辑推进、文献使用等若干模块逐一进行归纳总结。想明白论文写作的“那些事儿”，她的第二篇论文基本上不需要进行大的调整。我在每一年研究生招生时和入学后，都会跟学生提一个要求：要学会思考。读书是一个金字塔，高中的时候你看着苦，其实是体力上苦，心里并不苦；大学的时候你体力上苦，心里开始苦了，因为没那么多人扶着你、抱着你，你得想自己要什么、将来干什么；研究生的时候是更苦了，将来这一生你干什么，你得想好了，每一步都不能走错；博士的时候肯定更累了。

在时间上，我一直跟研究生强调，攻读研究生学位，要想学有所成，应该杜绝周末和寒暑假完全放松和放任的想法，老师想起什么东西就会找学生，学生也要快速回应，就像是学生给我的微信和邮件，只要我不出差，二十四小时之内肯定回应。微信的话，我基本上十二小时之内肯定会回应的，所以我要求学生也要做到这一点。

崔：从您谈论学生成长的点点滴滴，可以看得出您严格要求自己，严格要求学生；但同时又不失民主，给学生一定的自主，再加以耐心的点拨和拔高，引导学生走得更远。我觉得您在培养学生时，循循善诱、松紧有度，而且极富热情，我看到了您作为教师，身上有很多宝贵的品质值得我们学习！

（二）翻译教学有妙招，实践思辨不可少

崔：您教授的课程包括“英汉互译”“翻译批评与鉴赏”“翻译概论”“基础笔译”等，授课对象从本科生、硕士生到博士生，分为不同的层次。能否谈谈您整体的教学理念和常用的授课方式？对于不同层次的学生，您都采取了哪些相同或者不同的理念和模式？

辛：对于本科阶段的学生，我主要给他们上“翻译概论”和“英汉互译”，硕士阶段，是“翻译批评与鉴赏”，博士阶段主要讲“翻译批评方法论”，这是一条贯穿起来的线。对于不同层次的学生，我对他们的共性要求是，口译和笔译并重，理论与实践兼善。这其实也是我做翻译二十多年来一直在坚持的，我发现这条原则指导了我的成长，所以我也想把它分享给我的学生。虽然博士阶段的翻译批评方法论是纯理论课程，但我也要查看学生的翻译能力，我不允许我的博士生毕业后，只会头头是道地空谈理论，却不能理论结合实践。

另一个共性的要求，就是每个人都要去思考。翻译能力的提升，就像成为老中医一样，要打磨，还要靠自己的悟性。进行娴熟地跨语际转换，双语“童子功”很重要，我能教给学生的东西，我把它叫作 to think translationally，也就是养成从翻译的角度进行思考的能力。比如说，讲好中国故事，每个人都在呼吁讲好中国故事的时候，我就要求学生沉下来，想一想做哪些事情是讲好中国故事？我们讲中国故事面对的是什么样的受众？是对东南亚、日韩，还是美国、欧洲？这都离不开思考。

说到针对不同层次学生教学上的不同，在本科生的“翻译概论”课上，我一般会让他们先通读一些翻译理论。在开学前，我就会通

过QQ、微信或钉钉学习群，要求学生假期里看一本书，找到感兴趣的理论。开学以后，我会把中西方的主要翻译理论介绍给他们，把课件或者教案也给他们。在期中的时候，要求他们从中挑出感兴趣的理论，做一个综述，讲一下这个理论的出发点是什么，什么时候传入中国的，在中国使用的情况如何。他们陈述的时候，我要求分组，比如说班上有四十个人，那就至少得有七八种理论，不能重复。把一个理论弄清楚了，就知道如何了解其他理论，学生就不会只盯着目的论或者多元系统理论。他们会思考，这些理论在用的过程中，哪些人是从哪个角度来研究。后来学生提出，目的论不能够用来研究党政中央文献或者以信息为主的文献，说明他们在思考。我觉得，本科生能把一两个理论理解透彻、讲清楚并结合起来进行使用，就很好了。

在上“翻译批评与鉴赏”的时候，我会依靠自己的翻译实践，再结合当下比较热门的一些话题，开展专题式的教学。比如，讨论英汉思维差异的转换，我就会从自己翻过的译著中找一些典型的例子。当我告诉他们，作为译者的我是怎么想的，其实就是think aloud（有声思维法），我在翻译过程中结合了文献查证、网络检索，以及我结合相关翻译理论的思考与润色，我就告诉他们这些方法。这也是专业实践能力到教学能力的转化。

我觉得我的翻译教学得益于我的翻译实践，因为很多例子就是来自我自己的译本，学生会觉得很亲切，投入感都很强。我告诉他们，翻译没有止境，我这个译本有可能还要修订，他们可以贡献出他们的智慧，也许会体现在我下一个译本中，到时候我一定会以致谢的方式表达出来，所以他们干劲也挺大。

崔：可以看出，您在翻译教学中很重视对学生实践能力和思辨能力的培养。您成功地将自己的翻译实践与教学相融合，使您的教学更有“代入感”，这也是翻译教师应该努力达到的一种境界吧。您提到的to think translationally，令人印象深刻！您的这一教学理念也恰好与复旦大学翻译系陶友兰教授开设的“翻译与思辨”课程的教学理念相吻合，翻译教学中的思辨能力培养确实是高级翻译人才培养中非常重要的一部分！

（三）与时俱进求转变，实践教学相促进

崔：刚刚您介绍了您的教学理念和教学方法，我觉得受益匪浅。您现在的教学模式，看起来都非常成熟，那么，回想最初您刚做翻译教师时的做法，您觉得从过去到现在，自己有什么转变吗？

辛：我本科一毕业就开始跟着我的老师做文学翻译，积累了很多文学翻译的经验。到了 2007 年，我任职的中南大学作为第一批口笔译人才培养试点单位开始招生，我是翻译中心主任，可以说，从那个时候我才真正开始翻译教学和翻译人才培养的思考与探索。当时有很明确的三个关键词：高层次、应用型、专业性。专业性的话，其实我自己做不到，因为我做得比较多的是文学翻译。从 2007 年开始，做了翻译中心负责人之后，我开始有一个比较明显的转型，我逼着自己去做一些应用型的专业翻译实践，我们翻译中心也会承接一些翻译项目进来，翻译项目管理、机器翻译、语料库，这些新潮的东西我都得跟进，因为这些新技术都需要讲授给学生。

我觉得我可能最大的变化就是在技术上与时俱进，然后文本上从文学文本翻译向应用型文本翻译去转换。这几年在课堂上用的例子，就不只是我之前做的纯文学翻译了。比如，我接受译林出版社重译《寂静的春天》，它属于科普著作的翻译，里面涉及很多生物化学的知识，海洋的、农学的知识，我也会用作“翻译批评与鉴赏”这门课的素材。我也受到一些著名电影导演的邀请，翻译一些纪录片剧本脚本，然后我会用剧本脚本的语料来给学生做指导。包括这次疫情期间，我们还给宁波市海关做了很多产品检测资料翻译，我就会用这些

应用性文本来给学生做分享。

我觉得我从翻译实践中尝到了甜头，翻译这种东西应该是像传统手工作坊一样的，师傅带徒弟，我自己乐在其中。所以，我的翻译教学理念和方法没有太多变化，有的是对新技术的拥抱，对新类型文本的关注，这是比较大的变化。

崔：看来您一直不断地学习新的东西，丰富自己的实践，然后再回馈到自己的教学中，这是我们每个教师都应该学习的。

（四）国学研究铸功底，引导学生做学问

崔：您在 2009 年的一篇文章中，提出国学重振和翻译专业人才培养的关系。现在看来，在中国文化走出去的背景下，国学重振对于翻译专业人才培养来说依然重要而紧迫。请问您在教学过程中是否会有意识地把重振国学付诸您的教学实践中去？比如您在《道德经》《传习录》等方面的研究，是否融入您的教学中？我听陶友兰老师说，您做研究时，记的笔记都有几十本，我觉得很震惊，这些是不是也经常会当作您的教学素材？科研对您教学的促进作用有多大？

辛：科研对教学的促进作用，我觉得最明显的是反映在人才培养的全过程中，而不是在课堂上。因为在课堂上，不管是本科还是硕士，都存在着通识和博雅教育，不是每个学生都会跟我走向具体的国学研究领域。我 2009 年提出重振国学的背景是当时我们国家培养翻译硕士人才，蓬蓬勃勃发展起来，但是我在招生和培养过程中发现，大多数同学不是英文不好，而是中文不好，中文的理解和表达能力都比较弱，所以我当时就希望这些翻译专业的学生、外语专业的学生都去看看中国古代的、传统的东西，而不是仅仅阅读一些网络上的文字，我一直力主人文学科的年轻人应杜绝碎片化阅读，潜心于某一个

领域深入探索。真正能够代表中国文学文字功夫和功底的，应该是我们古代，也就是1911年之前的东西。古代的人受教育面比较广，不像现在我们学科划分这么细，所以我当时提出重振国学这个想法。

近些年，国学被提得太多，都快成了一个贬义词，国学被庸俗化，甚至被市场化了。很多国学班可能就是一种营销模式，并没有深入地、静静地去读一下《道德经》，读一下《论语》《中庸》。真正静心去读的话，能够汲取的力量还是不同的。所以在硕士生、博士生的科研能力培养中，我会有意识地用我的研究方法、我的研究成果去引导他们。

我带的硕士生和博士生中，做古典文学和文化翻译研究的不少，其中有一个姑娘，2020年6月21日博士论文答辩，她研究的是安乐哲的《中庸》英译，她的学位论文有十七八万字，她的研究对象安乐哲教授对这篇论文评价特别高。这个学生是我2015年离开中南大学那一年招进来的博士生，后来我调动了工作，问她要不要换个导师。她很执着，觉得读博士就是读导师的，所以不想换。她读博士五年，发表了十二篇论文，其中C刊论文有六篇。

崔：我看到了您对国学研究的责任感和使命感，以及您的科研能力在培养人才过程中发挥的重要作用。您对学生的指导确实很有方法、很有成效，而且学生也特别珍惜跟您在一起的师生缘分。我想，是您的学识和个人魅力吸引着学生，还有您的引导方法和高标准帮助学生取得了非凡的成绩！

（五）师恩难忘永相忆，教书育人代相传

崔：教师也都是从学生一步步成长起来的。辛老师，能不能谈谈您在求学的时候，哪些师长对您有比较大的影响？他们是如何影响您

当时或后来的科研、教学或实践的？

辛：首先是我的本科学位论文指导老师钟良明教授，他不是做翻译研究的，他做英美文学研究。有一次，他讲起教师这个职业，说教师从事的是“点灯”的工作，一个男孩子可能不是个“好学生”，但他也许是个好儿子、好丈夫、好父亲，女孩子也可能学习成绩不好，但她会是个好女儿、好妻子、好母亲，所以他对学生一视同仁，尽最大可能克服偏见。所以，他在我们的合班课上从不刻意去记学生的名字。这一点也影响了我。到目前为止，我在上大课期间，也不刻意去记学生的名字。这样的话，在期末考试阅卷或课程论文评阅的时候，我就能够相对客观。其实最根本的影响是，我毕业的时候，那时包分配，我本来是以专业第一名的成绩要去北京铁道部科学研究院当翻译的，但我当时就觉得当老师那么崇高，所以临时改了志愿要留校，就是受我这个老师的影响，我到现在也没有后悔。所以，钟老师影响了我的职业选择和我对学生的态度。

还有一位老师，是我在中南大学读本科时的听力课老师路旦俊。他并不教我们翻译，但是他翻译做得特别好，现在还在做翻译。他当时在译界已经很有名了，接到很多活儿，就带我们做。我们合作时，基本上就是他翻一半，我翻一半。但我翻出来的译文，被他改得几乎看不到原貌。在他给我频繁地修改后，我发现我的翻译能力在提升。其实这是非常难得的，我非常敬重他。当我自己做了翻译老师，也会栽培身边的学生，从学生中间挑苗子来带。但是我跟我老师的做法稍有不同。由于当时的合作是，他译一半我译一半，即使他帮我修改了，也还是能看出前后两部分风格的不同。比如，我跟他合作的一本书，叫 *Animal's People*（《人们都叫我动物》），是布克奖的入围作品。这本书讲印度底层人们的生活，有很多印度底层人使用的低俗语言，我当时把它们进行了柔化处理，把那些脏话要么删掉，要么换另一种说法。后来他说不行，因为这样翻就等于背叛了作者。这部作品之所以能够获得布克奖的提名，就是因为它的 rough language，它体现了印度底层人物生活的艰辛，如果把他们变成了彬彬有礼的绅士是不行的。所以他帮我改了很多，这本书出版后很受欢迎，但有一些读者能够看出前后是两个人翻译的。

所以，我现在带学生翻译的方法就是，学生做第一、第二遍，我做第三、第四遍，我再把修订稿给他们，让他们写对比分析报告。他们的总结不能全是说老师译得好，他们可以挑战我。刚开始他们都觉得挑战老师的权威不好，我就要求他们至少提出十条不同意见，总结才算过关。

崔：看来钟老师对待职业的态度和路老师的严谨，对您的职业选择和教学理念、方法都产生了很大的影响。

辛：是的，钟良明教授引导我走向教师这一职业，我会像他一样不计名利，尽可能克服对学生的偏见。路旦俊老师帮我迅速提升了翻译能力，也使得我在指导学生过程中会学习他师傅带徒弟，愿意付出、愿意奉献的做法。

对我的翻译学研究方法以及翻译学认知体系产生全面影响的人，是我的博士生导师张柏然教授，他对我的影响应该说是一种学术的再造。张柏然先生对我的影响是全方位的，包括为人为学。张先生身上有非常明显的道家“无为而治”的态度，也秉承儒家先贤孔子的“有教无类”的理念，这两点深刻影响了我教学和科研的各个方面，也就是说，我会很努力、很用心，推动学生，却尽量不去逼迫。比如学生遇到瓶颈了，我就让他放一段时间，有的学生告诉我，他毕业后不想做研究，那我也会调整对他们的引导方式，并不是放任不管，因为各个岗位的需求是不一样的。比如我有一个学生，本来一心要做口译的，有一天，她突然想去做海外孔子学院的志愿者。我就跟她讲，志愿者就像一个小小的外交家，你要学会处理这些事情，包括一些文本的细节处理，等等。事实证明，这些对她很有用，她在孔子学院教学一年半后，外方院长给她写的鉴定信里，就特别强调她的沟通协调能力，以及对细节和文本规范的关注。这个学生目前因为出色的工作能力，被外方院长申请继续留任。

张柏然先生对我的影响主要在如下几个方面：

第一，对学生，做到因材施教。张老师一共指导二十九个博士生，他的每一个博士生都是非常不同的，个性不同，研究方向不同。他从不要求学生在他的“园地”里找东西来研究，而是鼓励学生寻找喜欢的研究方向，他来提供帮助。我也没有要求我的博士生必须跟着我做《道德经》英译研究，因为我觉得不是每个人都要走这条路，不是每个人都喜欢。正是因为我成长的过程中我的导师没有逼过我，我也自然不会去逼他们。我对学生的“逼”，都是希望他们做一个好的时间管理者，成为更优秀的自己。

第二，对学生，做到极致付出。张老师是一个愿意主动走近学生，主动去温暖学生的人。这一点，我之前是做不到的。我总觉得师生之间，师就是师，生就是生，要恪守师生各自的本分和距离。而在张老师心目中，学生是孩子，也是朋友。2020 年 5 月 26 日，张老师去世三周年，因为心里比较难受，我就重读他跟我的四百多封往来邮件。我发现他在邮件中对我的称呼，都是非常敬重的，他不会觉得我是学生，就随便称呼一下。他称呼我为“辛红娟同志”“辛红娟阁下”，都是这种传统、旧式文人的风格，但却体现了他对学生的关心和尊重。

所以，如果没有去读博士这个经历，我不会是现在的我。我可能会是一个很努力，但不会用方法的老师。我可能没有对接前沿的意识，不会一直要学习，一直要把最新的知识给学生。读博士的三年，在导师的帮助下，我把我所有的实践、教学这些东西整合起来了，我觉得这发挥的是一种化学作用。

崔：您的比喻很形象。我想，张老师之所以能够尊重学生的个性和兴趣，不会“逼迫”学生做什么样的研究，是因为他知识渊博，他有自己尊崇的学术精神和学术方法。他的个人品质，深深地影响了他的学生，影响了您，您又影响到自己的学生，我觉得这就是可贵的教书育人和治学精神的传承。听您分享了这么多有关个人成长的真实故事，让我对您，作为一位真实的教师、一个人，有了更加立体的了解，非常感谢您的分享！

（六）井井有条理家事，勤奋刻苦存远志

崔：辛老师，刚刚我们聊了翻译实践、翻译教学、人才培养、学术研究以及您的个人成长。最后，我还想问问您，作为一个女性翻译教师，您的社会角色、家庭角色、性别的因素，是否对您的职业发展产生过影响？您是否觉得女性教师在平衡家庭和工作，包括科研、教学这些方面，会面临很多艰难的时刻？您是怎么克服的？又是如何做到这么优秀的？也许您的分享，能为我，以及很多和我一样的女性教师解答困惑。

辛：其实女性身份从来也没有对我造成太大的干扰和困惑。首先，我本科毕业的时候，是国家分配工作，本来要去铁道部科学研究院的，最后一刻我选择了留校。虽然后来听说铁道部倾向于要男生，但因我当时是专业第一名，他们也很高兴要我去。所以，我在找工作的过程中，没有因为女性的身份而受到什么性别歧视。第二，可能主要涉及时间上的平衡和安排。我先生是搞建筑设计的，长期要在外地或者工地，我就需要承担起更多的家庭责任，照顾孩子和公公婆婆，就意味着我不太可能出去玩。印象最深的就是孩子读小学、中学那些年，晚上他写作业，我就不能出去散步，也不能看电视。所以，孩子写作业，我就在房间里做翻译，带孩子跟工作也不怎么冲突。

崔：有人说做翻译教学和翻译研究的女教师虽然很多，但是女翻

译家和翻译女学者却不多。您觉得是否存在这种不平衡的现象?

辛: 我想这是一个不争的事实。我觉得学术界那些优秀的男性学者,他们应该感谢自己的另一半,能让他们有大块的时间,去自由思考、专注工作。另外,男性在体力和精力上也比女性更有优势。但是,我并不认为女性就没有他们优秀,大部分女性把精力分给了家庭,分给了其他的事情。我认为,我们没有必要把女性身份特别剥离出来,因为社会有不同的分工。如果一位女老师想要做翻译,她总是会有时间的,但如果她觉得成就孩子、成就丈夫更重要,那只是她做了不同的选择而已。

崔: 嗯,作为女性的我们,如果想要成为优秀的教师或翻译学者,那就要思考一下,怎么发挥自己的潜能,怎么平衡时间,怎么超越自我,去实现自己的学术价值。

辛: 对,做学问本来就是一条向苦的路,如果想要成就自我,那就意味着要放弃一些娱乐的时间。我母亲和婆婆现在都八十多岁了,我每年都会接她们过来住一两个月。她们在这里的时候,如果白天要出去走走,我都是陪着,那时间怎么办?白天已经放松了,只能晚上赶,那就熬夜。其实有很多女老师没有去做学者或研究者,不是因为她们能力不够,而是因为每个人的选择不同,我觉得应该尊重每个人的选择。

当老师和当母亲,这两种身份都是非常光荣的。我觉得一个女性能为社会做的贡献之一,就是你培养的下一代对社会是有用的,阳光向上,做个好人。你们这个年龄段,要带孩子,要读书,还要教学生,应该压力比较大,尽可能让自己解压,一个时间段认真地做好一件事。认准了的事情坚持下去,坚持肯定会有好的结果。

崔: 好的,谢谢您的建议!今天的访谈,我个人受益匪浅,相信也一定会给很多教师同行,以及正在求学的学生提供有益帮助,希望有机会还能再向您请教。谢谢辛老师!祝您身体健康、工作顺利!

访谈后记

通过访谈，辛教授敏锐的思维、严谨的治学态度和高效的工作节奏给我留下了非常深刻的印象，她积极阳光的心态，总能感染到与她交流的人。辛教授在翻译研究、翻译教学、翻译实践等方面的成果和经验，能为广大翻译教师、青年学者和学生提供有益启发。作为女性教师和科研工作者，她不仅把教学和科研做得有声有色，还成功地扮演着母亲、妻子、女儿和儿媳等各种角色，是一位非常出色的女性翻译教师和学者！辛老师为我点燃了一盏心中的明灯，她带给我的不仅是学术研究和教书育人方面的榜样力量，还有家人和朋友般的深切关怀和殷切鼓励，让同是女性高校教师的我，学会了如何调整心态，从容应对家庭和事业中的各种角色担当，也看到了翻译界学人中师德、师恩、师道的代代相传。

树人以德，宁静致远

专访上海外国语大学肖维青教授

受访者简介：肖维青，上海外国语大学英语学院教授，博士生导师，西班牙巴塞罗那自治大学中方博士生导师，中美富布赖特研究学者，入选2012年教育部新世纪优秀人才支持计划，2019—2020年度上海市教育系统三八红旗手，上海翻译家协会理事。曾赴美国、英国、新西兰访学深造。教授“高级英汉互译”“影视翻译”等课程，获首届上海外国语大学教学创新大赛正高组一等奖。出版中文学术专著三部，英文专著一部，主编教材四部，发表各类学术论文九十余篇，其中核心期刊论文三十五篇。目前主持国家社科基金重大项目子课题，已主持完成国家社科基金、省部级项目八项。

采访人：李雯露，复旦大学外文学院2020年“卓博计划”学员

（一）结缘译路：思接千载，视通万里

李雯露（以下简称“李”）：肖老师在翻译领域深耕多年，想必非常热爱翻译事业，可不可以和我们分享一下您当初是如何与翻译结缘的？

肖维青（以下简称“肖”）：我的经历可能有些与众不同。我高中的时候各门学科都很好，英语相对来说不是最出色的一门，所以读大学之前从没想过读英语。但是当年高考经历了现在所谓的“高考黑幕事件”，不得已进入一所师范大学就读，英语在当时又是最热门的专业，于是我就进了英语专业。毕业后，我顺利留校任教。当时有一位翻译老师推荐我做了一项化工领域的翻译任务，后来反馈非常好，因此就有了比较好的开局。考研进入上外后，虽然我总分和语言学都考了全国第一，但自认为语言学和文学过于高深，不是很有把握。(其实很多领域都是了解越深，越感觉自己有薄弱之处。）因为语言学和文学都有非常坚实的学科基础和发展历程，而翻译，特别是在中国，发展时间比较短，相对来说不是特别成熟。所以我当时就选择了翻译，阴差阳错地进入了这个领域。留校当年在吴刚老师的介绍下，我和室友合作翻译了一本 MBA 的教材。这是我第一本出版的译著，反馈很好，也因此使我立下了做翻译实践的志向。实际上在留校之后，因为我口笔译的能力都比较出色，所以也做了相当一段时间的口译工作。

李：我之前查阅资料，看到您口笔译俱佳，曾做过同声传译，感到非常佩服。

肖：其实同传、交传我都做过。我在本科毕业之后、读研期间、留校后都做过口译工作，参加过财富论坛、上海国际电影节，以及一

些上海外事办承办的国家领导、上海市领导出席的会议。刚刚留校时，我们青年教师都教基础科目，具体向口译还是笔译教学发展尚未决定，我们有着非常广阔的发展空间。不过，后来我从做口译转向了做笔译，是因为当时我生了一场病。口译对我来说心理压力很大，我不是那种能举重若轻的人。口译过程中我常给人平稳的感觉，其实都源于前期的海量准备。在巨大的工作量之下，我病倒了。当时也到了成家立业的年纪，我考虑要把生活节奏放慢一点，所以转向了笔译，到 2006 年以后就开始了笔译教学。留校后，我比较受学院器重，很早就开始上翻译专业课，到现在差不多有十五年了。

李：在翻译学术上，您是如何选择方向的？可不可以回顾一下您的学术之路？

肖：我个人对于非常抽象的东西诸如翻译理论，兴趣不大，理解也不深。回想起来，我所有的研究都来自我的实践，包括翻译实践和教学实践。我其实有点像“赶鸭子上架”就去教翻译了，在翻译教学的过程中，当然有很多困难，特别是翻译测试，因为它的主观性很强。我当时最关心的一个问题，就是如何比较全面系统、客观公允地评价学生的翻译水平。所以我从教学实践出发，看文献、写文章，做了一些深入的思考，在 2009 年申请到了国家社科基金项目。作为比较年轻的老师，可以拿到国家社科基金，让我觉得其实科研之路好像并非很多人想象的那么难，这件事坚定了我的学术之路。

我这里还有一段插叙，实际上最早和翻译学术产生渊源，倒不完全是教学。教学使我走上了一条非常广阔的、能够服务他人的研究之路。但实际上我读硕士的时候，很喜欢跟着冯庆华老师研究《红楼梦》翻译。想必外文系的很多学生、老师都是文学青年、文学中年，对《红楼梦》肯定爱不释手。我对《红楼梦》尤其喜欢，现在记性远不如当年，以前随意挑一个段落，或者挑某个人的某句话，我都能准确地说出是哪一回，可以说对《红楼梦》谙熟于心。当时冯老师在研究《红楼梦》翻译，我跟着冯老师和其他同门的师兄师姐一起读了《红楼梦》的英译本。在硕士一、二年级的时候，我写了一篇《红楼梦》灯谜的翻译。那时对上外的硕士研究生没有任何发表要求，但是我喜欢“卖弄文墨”，后来论文在《四川外语学院学报》发表，这对我是很大的鼓励。这篇文章让我相信自己具有科研的能力，后来又拿到国家社科基金，让我相信我的科研不仅来自我的兴趣爱好，还能解决我本人还有其他教师的实际问题。我觉得这是我非常乐见也非常期待的成果。所以，这就是我走上学术之路的两个里程碑。

李：我了解到您是当届最年轻的中美富布莱特高级研究学者，之后也去过美国、英国、新西兰等国交流深造。请问您觉得国外的翻译研究相较于国内有什么不同之处，在国外研修的经历对您的翻译生涯有什么帮助?

肖：我是2009年申请到富布莱特、2010年派出的。我记得当时申报要求是满三十五周岁，在它的截止日期之前，我还没有真正满三十五岁，我就想抱着试一试的态度，写的proposal仍然是pedagogical assessment，或者说translation testing，当然这两者不是完全等同，但两者我都想研究，不仅是学习评价，还有教学评价，我想看看美国翻译类的高校如何做学问。这个proposal的通讯评审以及后面的interview进展都比较顺利，就派出我去了蒙特雷。蒙特雷高翻学院其实和我们国内的没有太大的区别，不过我在上外受到的硕士训练更偏向于做研究。作为一名翻译老师，比起做研究，我更热衷于学习蒙特雷的授课方式。我在蒙特雷的一年两学期里，几乎上遍了所有和英汉语对有关的课程，比如我的合作导师鲍川运老师的视译课和叶子南老师的笔译课，还包括一些翻译技术、翻译项目管理和本地化的课程，打开了我的视野，这一点是我在上外没有接触到的。

去蒙特雷的这一年，使我的翻译教学有了质的飞跃。同时，还有一个收获是在那里碰到了Anthony Pym教授，当时他也在蒙特雷教书，他的课我一直去听。另外他还组织了一个学习共同体，把蒙特雷的老师以及我们访问学者凑在一起，举行了一些兼顾学术和社交的活动。一年中受到的耳提面命和谆谆教诲，对我的科研发展有很大的帮助。像 Pym 教授这样的西方老师在视野和实践方面都为我打开了研究思路。另外在蒙特雷，我的国家社科基金项目基本完成了，我除了上课，就是在图书馆里写文章，这一年写出了一本专著。

除此之外，我还去过英国的利兹大学、莱斯特大学，还有新西兰的奥克兰大学，做过一些讲座。我是师范大学毕业的，师范大学的毕业生相对于其他学校的毕业生，在教学工作中有一些先天的优势。比如我们学过教育学和心理学，虽然当时我们可能觉得课程味同嚼蜡，但是最后会内化成为一种能力，浸润到教学当中。我在利兹大学进修的是教学法，我觉得受益匪浅。后来去莱斯特是做 lead tutor，参加暑期项目，同样也大有帮助。他们的夏校组织得非常好，请了多位英国或者欧洲的顶级专家来交流授课。很多带队老师不需要听课，但是我每一堂课都听得非常认真，应该比学生都认真，我觉得有很大的助益。后来我们翻译老师又一起去奥克兰做研修，和研究翻译技术、视听翻译的老师做了交流，对翻译技术、译后编辑、视听翻译有了更深的了解，也是一次非常好的机会。

（二）深耕教研：人文培养，教学相长

李：您一直非常关照学生的思想和感情培养，您之前的文章中也提及本科课程应该是偏人文类的课程，那么您在日常教学当中是如何兼顾学生的专业实践培养和人文素养发展的？

肖：这是一个非常难回答的问题。实际上每一位外语专业的老师，包括翻译专业的老师，都应该着力于培养学生的人文素养，因为

我们归根结底是一门人文学科，但这件事说来话长。首先要看老师自己是否有人文素养，我觉得我一直“在路上”，还需要不断提升自身的人文素养。我渴望我的学生具有深厚的人文素养，简而言之，就是健全的人格和独立的思考。那么思考也是要有来源的，没有任何的输入不可能产生思考。所以要有大量的阅读，即使是我们翻译专业的学生，也是要引导他们接触文学作品，因为文学作品是最有营养的作品。如果只有实用文体或者碎片化阅读的输入，那么对锻造精神灵魂的助益是比较小的。

所以我非常注重文学课，包括我的硕士生入学后，我们会组织一个座谈，他们会问我：“肖老师，上外研究生的课有好多，我们到底选什么？”因为课时有限，我都是极力帮他们选文学课。因为文学课对一个人的影响是很深远的。我对文学的推崇可能也影响着我的学生。我希望他们在人文素养上有所提升，不要仅仅关注着能发几篇论文、能拿几个项目、是否能如期毕业这样一些很技术化的问题，而是希望能深层次地培养学生。不仅对研究生的要求是这样，对本科生也是如此。我们课堂中选择的篇章都是要有营养、有黏性的材料，而不是说这篇文章一目了然、没有太多的回味价值。我们要给学生一些有层次、内涵丰富的文学作品，能反复体会，常读常新。

当然不仅是文学作品，我们在课堂上也会讲《习近平用典》，那些典故都是来自中华优秀传统文化的经典，另外也鼓励学生多阅读，有了输入，了解了各种各样的思想，才会有独立的理解，就不会患上很多年前黄源深先生对外语类学生的标签——“思辨缺席症”，因为读得少了，只掌握了漂亮的语音和表达，而没有思想。我认为思辨是外语类学生比较缺乏的，包括翻译类的学生也是如此。

李：刚才老师提到了本科和研究生阶段人文素养不同的培养方法，那么您认为本硕博三个阶段的培养各有何侧重呢？

肖：培养的侧重还是比较明显的。因为本科生可能以后继续深造，也可能要找工作，所以主要发力是帮助他们提高翻译技能。硕士阶段是一个 in between 的阶段，走上专业科研道路的人比较少，大部分人的目标还是完成一个基本的学术素养的闭环。所以硕士阶段的培养主要是提供基本的、体系化的学术培养。那么到了博士阶段，学生已经有了一定的学术素养，需要培养的是深入地发现问题、解决问题的能力。这就是这三者完全不同的培养目标和老师相应的发力点。

李：我了解到上外像很多高校一样，也在进行翻译本科教学的改革。能不能向我们介绍一下具体的改革？这样的教学改革对教师来说有没有什么新的挑战？

肖：我们的人文化改革从查明建教授担任院长以来一直在推行，现在他担任我们的副校长，那么人文化改革连头带尾大概也将近十年了。一般人认为，翻译专业可能更注重“器”，而非“道”，所以我们的人文化改革中，反复机械性操练的课就要不断地压缩，给学生更多有内涵、有营养的课，开展更多的研讨课和各类活动，包括翻译比赛，让学生对于学校和学院有更多的荣誉感。

在课程里，老师也注重人文素养的导入。以前上精读课，有些老师还是类似高中的风格，那么现在就会以文学化的视角来讲精读课。即使是翻译专业的学生，也可以选择很多选修课，包括文学、语言学、文化、区域国别相关的课。说实话，因为我们上外体量很大，学生人数多，教师也多，所以比起综合类大学的外文学院，我们选修课的课程体系要大得多。每一位老师发挥自己的特长，开出一些提升人文素养的选修课，学生面对的是一张很大的菜单，内容丰富，由他们自己来选择。

上外有各种比赛，其中一个叫方重翻译奖。在查老师当院长期间，他觉得很有必要推重上外历史上的方重先生，方先生主攻乔叟研究，同时也做翻译，比如翻译陶渊明的诗。所以英语学院就组织举办了方重翻译奖，一直延续下来，让学生对学院厚实的文化传统有所认同，这其实也是一种人文素养的培养。

另外还有其他各种活动，比如第一课堂和第二课堂的配合，等等。后来我们创建了人文实验班，把英语专业、翻译专业里特别优秀的拔尖人才选拔出来组成班级。人文实验班高度小班化，只有十几个人，但每一个人都有一位背景很好的导师来指导他们。因为他们的成绩特别好，所以有些课他们可以免修，专门上一些额外的高难度的课。人文实验班采取旋转门制度，不断有人进进出出。你要是参加考试没有跟上，可能就要被淘汰，有新的学生可以补充进来。新冠疫情期间还与英国伦敦大学通过网络合作举办研讨会，成效也非常好。我觉得人文化教学改革在上外英语学院做得很成功，我们很多领导在不同场合做了大量的宣传工作，但因为条件要求高，也不是全国所有的学校都能够复制。

（三）女性成长：慈母仁师，言传身教

李：我了解到，您不仅是一位仁师，也是一位慈母，格外注重对孩子兴趣和能力的培养，并以此为契机在喜马拉雅上开办了英文课程，想必您在女性成长方面有深刻的心得体会。请问您认为作为女性教师，在工作和生活中遇到的最大挑战是什么？

肖：时间不够，精力不够。我想这是所有人都会抱怨的。我觉得女性在大学中当老师出成果比较难，当然这也不绝对。很多男性会把重心放在工作上，而不是对于家庭的责任上，他们可以全身心地投入到工作当中。但至少我个人或者说大多数女性都做不到这一点，她们必须在家庭和工作当中做一个平衡。有些人就完全地倾向于家庭。很多大学女教师，有的人说她们碌碌无为，但实际上有时候是迫不得已，我也特别能理解。那么如何取得平衡，我觉得是大学女老师的一

个难以破解、积年累月的难题。对我来说也是如此，像我现在孩子还挺小的，父母亲年纪大了，都需要精力照料。

还有孩子的学习，是很需要母亲倾尽全力来进行规划、安排、交流和沟通的。以前，我也有很多的抱怨，觉得培养孩子太累太难了。我现在和他一起同进退共呼吸、不断成长的过程当中，我也收获了很多在别的事情中不能收获的东西，他的成熟进步会让我感受到很大的获得感、荣誉感。所以家长在跟孩子一起成长，你自己的身心，包括脾气都会有很大的改变。我以前脾气很急，在孩子小学的时候对他经常“拳脚相加”。人家说肖老师看起来非常温和，但是不知道在家里“河东狮吼”。现在我发现这么多年磨合下来，到了孩子初中我很少“河东狮吼”了，脾气好了很多，我觉得是孩子把我的棱角给磨平了，我能够更加心平气和地和孩子沟通。

李：现在更耐心了。

肖：对，对孩子更耐心了。我觉得对孩子的这种耐心，其实也从另外一个方面帮助我对于学生的沟通方面会更加耐心，所以这也是相辅相成的。对于女教师来说，这种平衡非常难。每个人都有个人的取舍，我是极力地想在这两者之间达成一种平衡，但肯定有地方会顾此失彼。我对教学一般是比较重视的，但是在科研方面可能就会少投入一些。我觉得对高校老师来说，科研是个 bonus，而不是 compulsory 的。所以我有时候觉得，在精力有限的情况下，我要把精力给教学、给家庭，可能科研就只能少投入一点，因为不可能做到面面俱到的。但是我也经常和我的博士生交流，我们有个小群，群里完全我自己带的博士大概有十位，都是特别用功勤勉、学术有潜力的学生，我经常从学生身上学到很多，省去了我很多工夫。

比如在这个群里有学生听讲座，我说肖老师没时间听，请大家做个 summary，他们就会把最精华的东西帮我提炼出来，真的省了我好多时间。还有时候，群里会有一些讨论和互相指正，我参与其中，也觉得自己有所提高，虽然我相信肯定没有学生提高得这么快，因为年轻人对新事物的接受会更加敏感。但我还是很喜欢和我的学生，尤其和我的博士生交流，他们对我的帮助非常大，所以有的时候说老师在指导他们，其实也不完全是，因为这是双向的，大家互相帮助，共同进步。我经常会在年底的时候在博士生群里面发个小红包，总是说“新年快乐，砥砺前行”，其实就是大家一起前行，一起在学习共同体当中有所收获。

另外，如果学生有私人的问题，也可以在这个群里面得到一些解决，我觉得这是一个非常温暖的集体，他们之间也非常乐于分享、乐于帮助，这一点我真的特别欣慰。我非常喜欢和他们交流，他们的性格各异，脾气各异，能力也有大小，但是对于老师都有一种崇拜。我从很多学生的眼睛里看到崇拜，有的时候让我感到自己有点愧疚。我觉得因为成了博导，结识了这样一群特别优秀的学生，也让我有所收获。包括今天和你通过这样的方式进行分享，虽然这几天因为高考阅卷特别忙、特别累，但是这些访谈问题也帮我整理了一下自己的来时路，把我从大学走上治学之路的方方面面、点点滴滴都整理了一下，所以我觉得与你的访谈和分享对我也是一个很大的帮助。

（四）辐射社会：春风化雨，以德树人

李：很荣幸采访老师，谢谢您！最后一个问题有关您的社会担当这个方面。我们知道您现在在高考阅卷，此外还参加了各种层次的人才培养，在喜马拉雅平台的公众教育方面，您也发挥了重要的社会影响，那么您是如何看待自己的多重职责和多重担当的呢？

肖：关于社会担当，有一些责任是社会赋予你的，我觉得自己可能和很多其他受访老师不同的一点，就是我做了一些面向社会的英语

普及，还有中华经典文化的一些普及工作。我在喜马拉雅上的一些节目，最早的初衷是想帮着孩子学古诗词，我就在喜马拉雅上开了一个节目叫“雍和生活亲子诗教”，这个节目坚持了两年。我在古诗词当中挑选了218首，做了在我看来较为深入的剖析和评赏，然后我自己朗读出来，分享在喜马拉雅的平台上。周末还要请儿子帮我读一读诗歌。这是一个免费的节目，一个星期要更新两集，坚持两年非常不容易。

咱们文学青年、文学中年对古诗词还是怀有很多热爱的。有一年我去南开大学开会，亲耳听到叶嘉莹先生吟诵《红楼梦》中的诗词，当时对叶先生非常崇拜。那时她出了一本《给孩子的古诗词》，我把它奉为珍宝，但是它只有诗没有解析，我觉得对于家长来说不是很好用，就自己去找解析，把自己的一些体认也分享在里面。这个节目到现在也有四五年了，包括218首诗词，300多期节目。每期节目都很花功夫，因为不是张口就能说的，必须要写成稿子，然后要朗读成文。那时我没有很好的录音设备，基本上要一遍朗读下来，不能读错音。像我们是南方人，很多会读破音的，一定要自己读好多遍。后来很多人关注这个免费节目，收获了8.5万粉丝。虽然我觉得制作不是很精良，但是我真的很用心做了这样一个节目。

后来有其他单位找我做原著阅读课，讲《纳尼亚传奇》，这次相当于有个团队一起做，制作就比较精良了。这个节目我花了更多心思。因为随着孩子的成长，我接触了很多培训机构，发现很多英语课真是上得一塌糊涂。我觉得英语原著的普及工作，如果大学老师能够参与其中，是一件好事。所以我又在喜马拉雅上做了英文原著阅读课，我最近没去看排名，但是在更新的过程中，最高名次达到过外语频道畅销榜第二名，一般来说都是在前十名左右，我觉得还是很不错的，因为毕竟不是专业的培训机构，没有专门团队做推广。原著阅读课的反响非常好，一些家长群、读者群的反馈都非常正面，每次我看了都特别感动。

2019年商务印书馆邀请我去做了三联中读的莎士比亚戏剧故事的节目。但我当时有些畏惧，因为我一直是把文学视为至高无上的，不像《纳尼亚传奇》主要还是面向儿童读者的。后来了解到这个课程是一个拼盘式的课，有十个剧本，请了六七位老师做讲解。出版社知道我做过音频课，比较有经验，就请我先认领剧本，我就认领了《仲夏夜之梦》和《奥赛罗》。因为《仲夏夜之梦》是莎士比亚戏剧当中比较早期的，思想内容也不是特别深邃。它是个欢乐的婚礼剧，新冠疫情期间在YouTube上的播放量也很高，对于人的心情有很好的振奋作用。为了讲课，我看了很多书，包括复旦陆谷孙先生的书都拿来啃。重新复习以前读过的书，对提升自己的文学修养很有帮助，因为英语要经常读、要有输入，所以我觉得这也是很好的经历。

之后我会自己去看一看听众反馈，反馈都非常正面。出版社请了好几位大家，第一个推出的音频课就是我的两部，我想可能是偶然，也可能是有意为之。可能他们觉得我讲得比较生动，比较有趣。因为在这样的学习平台上，如何抓住听众的心很重要，如果讲得太艰深了，可能只能吸引很小一部分听众，所以还是要讲得比较大众化。但是大众化到什么程度？作为大学教授，要讲出水平，其中的分寸是很难拿捏的。后来看到听众反应非常积极，我也非常满意，其他几位都是文学教授，我作为一个“三脚猫”讲的莎士比亚让听众有这么多热情的反馈，我觉得很值得。虽然准备工作做了整整两个月，录课整整录了两个小时，但是每一分钟、每一个包袱后面都有深厚的积累和积淀的过程，这三个音频节目都是我比较喜欢的。

接下来还有出版社把英文原著阅读课继续做一个延伸，请我讲《王尔德童话》《小王子》《爱丽丝漫游奇境》这些文学经典作品，中间也有很多的体悟，虽然是童话，但绝对可以作为成人寓言来欣赏。实际上在讲授这些课程的过程中，我觉得对于训练我本人的口头表达能力和即时翻译能力也有很大的帮助。因为这些音频课体量很大，不可能每一次都完全写稿，所以有的时候只是酝酿好，然后对着教材一气呵成地讲述下来，对于我的教学很有帮助。

我觉得通过这样一些音频课，很大程度上推广了英文原著的阅读，推广了古诗词的朗读学习。比如我做古诗文完全是免费的，我觉得就是承担了文化传承的工作。为文化传承，为使命担当，这几个字我觉得还是很有道理的。另外，它对我自己帮助也很大。因为作为老师，口才很重要。有的人很有才学，但讲不出来；有的人才学并不一定很多，但口才很好，口才是能够锦上添花的事情。最后从我个人而言，从家庭的角度来说也有很多收获，比如说我陪伴了孩子古诗文的学习，陪伴了他的英文启蒙。对孩子来说，母亲不仅在生活上照料他，而且他能充分信任母亲，并且看到母亲的成绩引以为豪，那么我相信他以后遇到事情会更愿意和我交流。

李：我还了解到您除了教研外，也在高校做一些思政工作，在教学之外非常重视立德树人。您有兴趣分享一下思政工作方面的心得吗？

肖：我在你们复旦外文学院也做过一次分享，我觉得课程思政在很多人眼里，好像是一个新标签，或者新事物，但我从来不这样认为。作为老师，立德树人本来就是骨子里应该有的，只是很多人疏于关注这个问题了，我觉得这其实就是回归本心。我刚才也讲到，在很多事物的平衡当中，我非常注重的就是教学。作为教师，在学生身上倾注心力是很重要的。我 2020 年代表上外参加上海市的教学创新大赛，上外的正教授组我是第一名，在汇报 rehearsal 当中，我总是和听众说，我想要处理好的是“守正”和“创新”之间的关系。

“守正”其实就是课程思政，不要空谈教学有多少创新，要看你的学生得到了什么，你又在学生身上花了多少功夫。空谈在教学形式上创新、内容上创新，但学生一无所得，这样的创新没有任何意义。我觉得作为一名教师、一名优秀的教师，关键是要“守正”。所谓

“守正”就是对你的学生有付出，以他们的发展为中心，如果还有余力的话，关心专业的最新发展，关心我们国家的需求、专业的需求。

我当然是希望这三个需求都能融合到一起，也就是学生个人的需求、专业发展的需求和国家社会的需求，如果这几个需求都能够体现在教学当中，时刻内化于心，外化于教学，那么你的教学怎么会不创新，你的教学怎么会效果不好？这就是我对课程思政的理解，不是什么新标签，也不是什么特别的新事物，只要专注于教学，任何一节课都可能是立德树人的展现。

访谈后记

访谈之中，肖教授始终平易近人、诚恳耐心，毫无保留地将自己的个人成长与翻译治学之路娓娓道来。肖教授谈吐蔼然、低调谦逊，但其实机锋迭出，充满学者风范，令我时时感到如沐春风、豁然开朗。肖教授的经历有偶然，也有必然，偶然的是她随遇而安、宁心静气，偶然踏上翻译治学之路；必然的是她致知力行、功不唐捐，在实践科研成果卓著的同时，将她的博学广识和信念情操传递给了一届届学生和广大的公众。尤其令我印象深刻的是肖老师的社会担当，她关爱学生、尊重学生，传播传统文化、普及英语教育，以立德树人为己任，言传身教，为国育才。我相信肖老师的研究治学之道将激励更多的翻译学子，成为像她那样澄澈明亮、温和坚定的学者。

因材施教，趣味先行

专访中山大学邵璐教授

受访者简介：邵璐，中山大学外国语学院教授、博士生导师、中山大学“百人计划”学术带头人、中山大学海外中国学研究中心主任。香港浸会大学翻译学哲学博士。中国外国文学学会比较文学与跨文化研究会常务理事、中国英汉语比较研究会翻译史研究专业委员会常务理事。获省厅级奖近十项、第十二批四川省有突出贡献的优秀专家等荣誉称号。主持并完成国家社科基金等各级课题十余项。发表 SSCI、A&HCI、CSSCI 等学术论文九十余篇，于商务印书馆出版专著一部，发表译作多篇。国际权威出版社 Springer、Routledge 特约评审，国内外多家核心期刊编委和审稿人。

采访人：田婧，复旦大学外文学院 2019 级英语笔译专业研究生

（一）用心智教书，以情感育人

田婧（以下简称“田”）：邵老师，您好！陶老师告诉我，您曾做过她三篇论文的责任编辑，是一位非常有魅力有能力的老师，在科研方面也是硕果累累。今天我想请教一下：您是如何成长为一名优秀的翻译教师的？我了解到您在本科、硕士和博士阶段分别学习了英语教育、英语语言文学和翻译学三个不同的专业，如此丰富的学习经历对您的教学方法和风格产生了怎样的影响？

邵璐（以下简称“邵”）：我稍稍纠正一下，我本科的专业虽是英语教育，但跟传统的英语专业相比，是差不多的，只是多了两门课——教育心理学和教学法，我硕士读的是英语语言文学专业下面的翻译理论及实践方向，所以我并不认为我的学习是跨专业、跨方向的。研一的时候是打基础，就是各个方向的知识都要学，研二更集中一点，增加了“当代西方翻译理论”“中国翻译理论”“西方翻译史”“译介学”“口译”，等等。研三主要写毕业论文，实习过一小段时间。博士和博士后都是做翻译学研究。所以要说“宽广”算不上，其实还是基于翻译学在进行学习。

田：明白了，您觉得整个学习过程都是一体联通的，对吗？

邵：对。无论是公共选修课还是专业必修课、选修课，我的投入都一样多。因为对每门课程，都挺感兴趣的，所以也很感谢我的老师们，我觉得每个老师在他的领域都很有造诣，只要用心去学每一门课程，都能够对自己有所提升。

田：您觉得在求学过程中，遇到过对您影响特别大的，或是对您现在的教学和研究产生过启发和指导作用的翻译老师吗？

邵：太多了，每一位老师我印象都很深刻。每个人对我影响的侧重点不一样。但我跟他们到现在都保持着密切的联系，不仅是逢年过节，日常都会有各方面的联系。哪位老师在我毕业之后，还在说邵璐是我的学生，我就会觉得很开心，很骄傲，说明老师认可我。我的博导谭载喜教授对我影响最深的是他让我要自信，有些时候我做研究不够自信，总担心会不会不够严谨，别人会不会挑刺。谭老师说，不管你做什么研究，只要是自己一步一步踏踏实实做出的成果，就不用太在意旁人的看法。谭老师的鼓励给了我很大的支持。

田：不同的老师在不同阶段给您很多指导和帮助。

邵：是的，还有谢天振老师，他给我们上过译介学。我不觉得自己是当时同年级中最优秀的学生，但是谢老师总是当众表扬我，说我是思辨能力最强的学生，给我很多鼓励，尽管我还不知道什么叫思辨能力。只是我不喜欢人云亦云，不太容易受别人的思维方式影响，比较喜欢说出自己的想法和见解。这可能也是跟家庭教育相关。对我影响至深的老师还有廖七一、朱志瑜、董洪川、梁倩雯、吕俊、张旭春、刘正泽、曾祥禄等教授……

田：当年您的老师影响了您，现在您又影响了您的学生，这就是一种传承。

邵：我非常感激老师每一次作业的批改，对我帮助很大，让我获益良多。我的每一门课程作业，甚至二十多年前的课程作业，老师的批改我都会扫描或者拍照片记录下来。后来我自己做了老师，就有把学生平常做的练习和课程论文做记录的习惯，每一门课每一个学生的平时成绩、平时作业以及课程论文我都有记录。我有学生从牛津大学毕业回来好多年，现在都已经是副教授了，她本科生时期的每一次作业我都有记录的。所以也很感慨，学生都成长了，我们也逐渐老了。我有个习惯，很喜欢做记录，从小规划到大规划。我有好多个记事本，记录每天、每周、每月的日程。

田：老师真是个有心人啊。我发现您所研究的领域是比较广的，包括文学翻译、翻译理论、翻译批评等方面。因为我自己也是翻译专业的学生嘛，本科侧重笔译，研究生是口译专业，我有的时候觉得翻译理论相对来说会比较枯燥。您在上课的时候是如何把这些相对枯燥的理论融入教学实践当中的呢？

邵：任何一个纯抽象的理论，无论是翻译理论还是文学批评，如果你只是就理论而讲理论，那一定是枯燥的，对本科生甚至硕士生而言肯定要打瞌睡的，受不了。你不要把它当作一个理论，而当作兴趣爱好，结合有趣的案例来讲。我比较反对拿着教材照本宣科或者对着PPT读，这样肯定是提不起学生兴趣的。我觉得要辅以有趣的案例，并且针对学生进行不同的教育。比如说本科生所学的可能就是比较微观、处于操作层面的一些理论，因为本来理论就分很多层次，从本科到博士后，不同学习阶段的侧重点是不一样的。

田：您刚才提到本科生阶段会比较侧重于操作层面的、比较微观的理论，那么到研究生的阶段会更上一层，对吗？相对更抽象、更宏观的理论？

邵：对，可以这么说。其实我不觉得理论是抽象的，本科阶段说它“微观”是指我们从语言学的角度来谈翻译，然后到硕士阶段的话，可能加上文化学派的相关理论，然后到博士阶段，我个人比较喜欢叙事学、文体学、认知语言学，跟其他相关学科结合得更紧密。我对每一层级的学生要求是不一样的，也会根据学生的自身优势来开展教学和指导。包括我的博士生，每个人先天的兴趣点不一样，比如说有些学生不会选择从语言学的角度开展研究，但有的学生却擅长从语言学角度做研究，而完全不会选择从文学批评的角度来做。有些人擅长做微观的，有些人擅长做宏观的，所以就要根据每个人的特点来给他们做不同的学习规划。

田：嗯，明白了，就是说教师要贯彻因材施教、因人而异的教学方式。我了解到您给本科生和研究生都开设了文学翻译这门课程。就像您刚才所说的，要根据他们不同的知识层面、理解深度来进行教学。虽然是同一门课，可能有很不同的教学方法，是这样吗？

邵：嗯，可以这样说。

田：那您觉得经过了这么多年的教学实践，您如今的教学理念和刚开始做老师的时候，会不会有一些不同或者有一些发展呢？

邵：教学理念从学术上来说可以找到很多官方的、“正确的”版本，但我不想说得那么学术和官方。教学理念我觉得谈不上，其实我就是用自己的兴趣爱好去感染学生，让他们喜欢这门学科，让他们知道学翻译可以健康，可以长寿，活到一百多岁，学生就感兴趣了（笑）。哪怕我们课程结束了，我也会鼓励他们继续做翻译，我也欢迎学生在课程结束之后继续跟我进行交流，他们之后做的作业我还是愿意帮他们批改的，也愿意跟他们交流，所以我把他们当成“小伙伴”，就像好朋友一样。我希望他们爱上这门学科，把翻译作为以后工作之余的一盘小甜点，一种调剂品。你看做文学翻译的人其实都还是比较乐观和开朗的，我就觉得以后不要太机械化了，不要太焦虑了，把这个当成一个爱好也挺好的。

田：说到文学翻译，老师您认为这个行业以及从业人员，他们现在面临的状况是相对乐观还是相对悲观的呢？尤其现在受到疫情影响，可能有一些口译员失去了工作，笔译员工作机会也减少了，对这种影响您有什么看法呢？

邵：我不认为文学翻译会受到影响，因为文学翻译和你刚才说到的笔译和口译是两码事。现在市场上的笔译需求一般来说，或者说绝大多数都是非文学翻译，是和行业相关的，比如说与商业、法律相关。而文学翻译完全是怡然自得的，文学翻译一般不是委托给翻译公司，然后翻译公司再找译员做，通常是译员凭借自己的能力和资本获得机会，其实这就是自己的价值体现。而且这部分文学翻译者基本上都不是靠这个来赚钱的，因为这很可能不是他们的本职工作，而是业余爱好，就是凭自己的执着和喜好来坚持做翻译，所以这应该是不太受影响的。

田：做文学翻译的，好像一般是比较有名望的译者，甚至是翻译家，初出茅庐的译员做文学翻译的似乎不太多，可能也是因为您所说的，文学翻译很难作为一个能够养活自己的主业吧。

邵：可以这么说吧，当你注意到某人是一位翻译名家的时候，他一般已经积累了几十年的经验，有几十年的工作铺垫。但实际上我不认为翻译是完全靠后天训练的，尤其是文学翻译。很多翻译家有极高的天赋，比如说朱生豪，二十多岁就已经天赋异禀，非常卓越了。很多经典译文，比如杨必的译作是她二十多岁翻译的，现在已经过去将近一百年了，仍然是最经典的译本。所以我不认为文学翻译一定要修炼多少年，很多时候是天赋和少年时代家庭成长环境的滋养。

田：是的，老一辈学者，他们的国学底蕴可能也是现在社会人们不太可能达到的。

邵：不光是国学底蕴，还有双语水平，天生对语言敏感。

田：各行各业的成功都与天赋和努力分不开的。

邵：没错。家庭条件、家庭环境等各方面原因都会是影响因素。

（二）关注女性研究，平衡角色分工

田：我注意到您在 2018 年主持过一个课题，叫作“经典汉译小说形象塑造与高校女性教师自我认同构建研究”，获得了四川省翻译协会“第八届天府翻译奖优秀成果”学术特别贡献奖，这个课题正好契合我们这个访谈的主题。请问您当时做这项研究是出于什么原因呢？

邵：当时这是广东省工会的一个活动，主题就是要和女性相关。

说实话，我认为各行各业做专业工作的时候，并没有女性和男性之间的区别。无论是做学者还是老师，我不太认可“女教师”这个说法。教师就是教师，学者就是学者，没有男女之分。我们在做专业评估的时候，也不会因为你是女的，就给你降级，或是给你打点同情分。做课题竞争、论文投稿、审阅的时候，不会因为你是女的，就应该多给你一点机会。所以在专业方面，我不认为女性和男性有太大的区别。

田：当时陶老师给我们定这个采访主题的时候，向我们解释，不是说女性的能力不如男性，正相反，其实我们有许多非常优秀的女性教师。但是在目前的社会环境下，女性更容易被忽视，她们的声音、她们的成果相对于男性教师来说可能不被大家所听见、看见。所以，我们的出发点是能够让更多优秀的女教师被大家所看见，让人们去了解和尊重女教师。所以我在想您当时做这个课题，是不是可能也出于类似的想法。

邵：这个课题是广东省工会的，主题就是要和女性相关。我想既然必须跟女性相关，那就做高校女性教师研究，因为我是做偏文学翻译研究的，所以我就选择研究译入小说怎么样去影响（女性教师）。所以我做了关于这个主题的问卷调查。但是我觉得……我不算是一个女性主义翻译观的持有者。

田：就是不特别突出这一点，对吗?

邵：对，我觉得男女是一样的，无论是评估还是在就业方面。可能我没有太多地接触社会……我觉得首先你不要把自己当成女性。因为你知道我们学外语的，从大一开始到后来工作，我们这个圈子不都是女的嘛，在我心目中，我也没有特别觉得存在性别差异，我们都是一样的呀。

田：那么以您的经验来看，在现实社会中高校女性教师会不会遇到一些男性教师不会遇到的挑战或者问题呢?

邵：我没有考虑过这个问题，我是比较马大哈的性格，我不太去关注这些细节，不会钻牛角尖。我就专心做自己的事情，我是一个不太容易受挫的人，所以其实不太会去和他人比较，我就做自己的事情，比如说竞争项目或头衔什么的，我不太看重结果，只要努力了就可以了，也不用跟别人比。我也不会觉得如果我没有拿到男性教师得到的东西，是因为性别差异，不会这样想。

田：也就是说更加享受过程本身。

邵：对，我努力了，然后我也很快乐，我做一件事情不是为了一定要得到什么东西。所以我不太会去比较，我不跟别人比较，如果一定要比较，那就跟我自己纵向比较。我不太会往回看，我是往前看的。

田：乐在其中的感觉。

邵：对，就是让自己身心愉悦，然后保持自己的小爱好。我有相当多的爱好，我觉得生活是第一位的，我不是事业型的人。

田：我注意到您在论文中提到，高校女性教师最认可的品质是坚强、自信、独立、自由、乐观，而汉译小说中塑造的女性形象对高校女性教师的影响最大的是择偶标准，您觉得这两者有冲突吗？

邵：前面观点是我期待的、想象的和认可的，不一定和问卷调查的结果一致。我只能代表我自己的观点，但是问卷调查是客观的。我们的问卷采集量是很大的，所以有些时候结果跟我们的预估是不一样的，我们只能如实地去展现问卷体现出来的大部分人情况，因为她们中许多人并不是学外语的，而是包括各个专业的，比如医学。做问卷调查，很多时候受访者他自己认可的理念——他认为自己是怎么想的——和实际行动中做出的选择有可能是不吻合的，这是一个原因。然后这个问卷调查设计是我自己的预估，我印象中高校女性教师的特质和实际情况中是不一样的，比如说理工科的女性教师就跟我们文科大不一样。外语这行业有更加特别的地方，因为女性教师占比很大，就我个人而言，不会特别地去看你是男老师，我是女老师，我觉得大家都一样的。哪怕比如说在教授群里面，我是女的，我也不觉得我是一个特殊的存在。

田：就是更加注重学术上的交流，而不是男性和女性之间的差别，对吗？

邵：学术这个东西听起来多么高大上，但我就认为这是我的一个爱好、一个兴趣。我喜欢就事论事，不会想太多其他的问题，生活得单纯一点。

田：从您的论文中，我发现女性教师可能有一个问题是不得不考虑的，就是家庭，这是和男性教师不一样的，因为女性教师大部分还是要承担生儿育女的责任，她们更需要平衡家庭生活与事业发展，您觉得是不是这样？

邵：肯定会有耽误。女性从结婚开始，就得承担一些家庭方面的义务，比如照顾老人，然后有了小孩，从怀孕到生子，起码要耽误五年的时间，工作肯定会受影响。从怀孕开始身体状态会很差，生了小孩之后，那几年你注意力不集中，睡眠得不到保障，晚上要照顾孩子。你还得照顾双方的老人，如果他们有病有痛的话，你得去医院照顾，男人心不细，很多家庭方面具体的事情就需要女人去操心，但我不觉得这有什么不好。因为人本来就是一个复杂的社会元素，每个人的身份都是多面性的，我不认为所谓的工作、事业就是人生的全部，我觉得那只是一个部分。照顾家庭、照顾老人、照顾小孩本来就是生活的一部分，事业也是生活的一方面，所以我觉得要平衡。有一段时间你的重心可能在孩子、丈夫和家庭上，你帮助自己的配偶，其实他是知道的，所以我觉得这样可以维持家庭的和谐。你没有必要为了自己的事业，对家庭减少关心。如果老人、老公或者小孩对你有不满的话，其实生活也不能达到平衡。所以我觉得有些时候所谓的“牺牲”，也是值得的。

田：不管是在家里的角色，还是作为教师的角色，都是您的经历、责任的一部分，不需要太患得患失。

邵：对，没有必要刻意去区分。你作为一个“人”，对社会应该有所贡献，应该带有温度地去看这个社会，融入这个社会。对家人也是一样，他们就是你的一部分。

（三）翻译贯穿生命，多维感知世界

田：还有一点是我特别感兴趣的：您的身份是非常多元的，有高校教师、科研工作人员、编辑等多重身份，发表了将近百篇论文，主持了四十多个课题项目，还出版了很多专著译著。请问您是如何在教学、科研等众多身份之间达到平衡的呢？

邵：除了教学和科研，还有一些行政方面以及社会服务等工作。我给二十多种国际期刊审稿，审稿量很大，还负责在教育部的平台抽查博士生论文、硕士生论文。这个社会身份是多元的，一定要保持身心健康，不要把工作当成一个赚钱的途径，甚至不要把它当成工作。因为喜欢翻译学，喜欢从事翻译教学实践研究，把它当作是很幸福的事情，就不会觉得累了。我觉得翻译应该是贯穿我生命全部的一条主线。

田：您觉得虽然工作非常繁忙，事情非常多，但是因为都是自己喜爱做的事情，所以也不会感到劳累，是吗？

邵：对，英文当中不是说“work hard，play hard”嘛，就是说工作的时候全身心投入，我会很投入地完成我的事情，比如说写东西，就不能多一个字或是少一个字，包括符号、格式都不可以出错。我改学生的作业也是同样的态度，有些学生的论文我可以改一百多遍，不可以出现任何问题。但是我觉得，这不就是工作的一部分甚至是生活的一部分吗？因为喜欢，所以会觉得这是一件很快乐的事情，我觉得

这是很自然的。

田：但是每一重身份都会占用相当多的时间和精力，您是如何做到每一部分都能投入相应的精力和时间呢？

邵：当然不能啊（笑）。比如说家里老人生病了，或者小孩身体不舒服，这个时候的侧重点可能就是在家人身边；或者老公有项目要申报，那么我就多承担一部分家务。这些特殊时期我就把手头一些工作稍微放一下，我爸经常跟我说要抓住主要矛盾，某一段时间什么最重要你就做什么。所以我不是平均分配时间和精力的，要看什么时候什么是最重要的。我以前还喜欢看电影，但是这段时间也不能看电影了，我爱好美食、电影、旅游，我是背包客，喜欢全世界旅游。我每年一定会花时间一个人出国旅游，因为我喜欢不同文化不同语言之间的撞击，不一定是英语国家，我喜欢尝试不同的语言、不同的文化。有时候我喜欢住民宿，喜欢自己买菜做饭，跟世界各国的人交流。

田：这的确是很有意思的事情，我在大三的时候去芬兰交流过一年，觉得跟不同国家、语言、文化的人交流真的很有趣，而且能了解到自己完全没有见识过、想到过的东西。

邵：对啊！其实我觉得交流多了会发现人都是一样的，人性是相同的，只是某些思维方式不太一样，会越来越觉得有同理心。

田：我看您的介绍时发现您除了教师、科研人员等身份之外，还身兼许多期刊的主编和编委。您觉得这个身份会不会对您的教学或者其他方面产生影响呢？

邵：我不是全职的编辑，我做这个是没有报酬的，我从十多年前开始就做这方面的工作，帮助好多期刊编辑论文，从来不收费用，因为我觉得这是一件非常快乐的事情，而且能够让我得到成长。做评审人可以拓宽我的视野，跳出作为作者的思维方式，站在评审的角度来看问题，对自己的写作也会有帮助。你体验过了不同的身份、不同的视角，就会带着批判的眼光来看自己的文字，所以我觉得对我来说也是多有裨益的。

（四）坚持遵循本心，追求自立自强

田：我们的访谈到这里接近尾声了，您觉得对于想要成为翻译教师的学生，有什么可以送给他们的建议呢？

邵：又得提高一个调子了，我觉得好有压力（笑）。我觉得我就是微不足道的一个人，要喊个高大上的口号，我不知道该怎么说。

田：其实在前面的访谈中，我觉得您已经从各个层面回答了这个问题。

邵：对。口号式的东西不是我们所擅长的，我们注重的是细节，我觉得我的理念应该就是“Strive not to be a success，but rather to be of value”，那是我永恒的理想。我们不一定要取得多大的成就，获得多少名誉，只要持之以恒，坚持自己的理想，保持身心健康，平衡家庭生活，就足够了。

田：您所说的“rather to be of value”，这里的 value 更多地是指内心对于自己的认同，以及做自己喜爱的事，对吗？

邵：首先能够遵循自己的本心，做自己喜欢的事情，同时也要担起作为一个社会人的责任。我的初心就是当初的愿望和理想，我大概是在小学三年级之前，写作文时就说我要当老师，后来就真的成了老师。我们家族当中好几代人都是四川大学毕业生，所以生活圈子就是这样的。

田：也是有家庭的一些影响。

邵：家庭影响非常大。因为我外公、奶奶，都是解放前的川大学生。我爸爸和爷爷是四川师范大学的。我奶奶是历史系的，当时是四川大学最好的专业，我爷爷是数学系的，我们家的其他成员有川大生物专业的、化学专业的。我先生是川大计算机专业的，所以生活圈子比较单纯。

田：感觉您的家庭就是学术背景很多元、学风很浓厚的环境。

邵：对，我觉得奶奶对我的影响很大，还有我爸爸。我奶奶的中文和历史功底不是一般的好，她是40年代的大学生。奶奶对我的影响是学识方面的，而我爸爸就是非常乐观的一个人，他的乐观对我的影响是贯穿我一生的。我很佩服我爸爸从很小就开始学习钢琴、小提琴、二胡、声乐、绘画……各方面都很出色，而且他从来都非常快乐，他还喜欢摄影，自己冲洗胶片。他给我一边弹钢琴一边唱歌，就是个乐天派。我很小的时候就看我爸的美学、哲学书籍。我很喜欢把家里收拾得井井有条。家里有个很大的花园，家里人从早到晚在花园里耕作，把花园打理得姹紫嫣红的，非常美。我妈妈很贤惠，非常吃苦耐劳，特别会照顾他人，她是属于付出型的性格。所以我一直想成为我妈妈、奶奶、爷爷那样的人。我们家还有一点比较特别的，整个大家族会把女孩看得更重一点，觉得女孩就是要自立自强。我小时候也曾想过以后要当全职太太，我爸就非常生气，跟我讲了很多独立自强的道理。他们不认为女性应该怎么样，不像社会普遍对女性有种先入为主的期待。我爸爸每到年末，都问我今年的成果，每年要做年终总结，比我领导还要关心（笑），他觉得这是应该做的一个事情。

田：您之前提到女性跟男性其实没有什么本质的差别，都是要做自己的工作，这种想法的形成和您家庭的影响是有关系的。

邵：有很重要的关系。我的家庭培养我不要因为自己是女性，就想贪图安逸，而是要独立自强。首先在经济方面能够养活自己，当然照顾家庭的其他人也很重要。

田：不管是作为学生还是老师，有自己的想法，都挺重要的。

邵：对，要有自己的想法。不过我觉得你对自己可以要求高一点，对别人的话要尽量宽容，因为每个人的情况是不一样的。每个人面对的现实情况是不一样的，你尽量站在别人的角度考虑，对自己可以严格要求，但是对别人尽量宽容。*The Great Gatsby* 开头不就这样说的吗？“In my younger and more vulnerable years my father gave me some advice that I've been turning over in my mind ever since. Whenever you feel like criticising any one，he told me，just remember that all the people in this world haven't had the advantages that you've had.”我印象很深刻。

田：严于律己，宽以待人，以您这句话来结束今天我们的访谈再合适不过了。我相信这不仅是您践行的准则，也是每一位教师都应该努力的方向。邵老师，非常感谢您百忙之中帮助我完成这次访谈，我在其中收获了很多，也学习到了很多东西，谢谢您！

访谈后记

采访前，我查阅邵璐教授的资料，被邵老师丰富的科研成果给“吓”到了，甚至一度担心自己能不能做好这次访谈。但访谈伊始，邵老师的亲切温暖就使我完全放下了顾虑，全身心地沉浸在老师的分享中。邵老师从自己的学习经历、教学经历、高校女性翻译教师研究、家庭影响等角度将自己的独特经历娓娓道来，让我深深体会到关爱学生、因材施教是一名优秀教师所必需的重要品质。“用自己的兴趣爱好去感染学生，让他们喜欢（翻译）这门学科”，正是这样未曾改变过的初心让邵老师成为一名深受学生爱戴的好老师。

后记

2020年4月初，偶然得知陶友兰老师给研究生开设了“翻译教学理论与实践”课程。当时与陶老师并不相熟，因此询问是否可以线上旁听，陶老师欣然应允。听完第一次，我决定留下来，成为这门课的观察者。一是因为，我发现陶老师不仅仅是一位翻译教学的研究者，更是一位优秀的教学实践者！在真实的教学场景，她知行合一，呈现出的教学格局和教师品格比教学论文更加触动我的心灵、促进我的思考。二是因为，我发现陶老师的这门课程是国内少见的课型，它将培养学生“如何教”和“如何研”有机融合，具备了职前翻译教师培养的性质，这对以翻译教师发展为研究方向的我具有非凡的意义。

后来我有幸从课程观察者成为翻译教师研究的分享者、学生课程项目的指导者。如本书序言介绍，陶老师受到电影《蒙娜丽莎的微笑》的启发，决定让学生访谈高校优秀的翻译女教师，旨在让学生理解如何成长为优秀的翻译教师。同学们以“优秀女翻译教师的成长”为题提交了访谈提纲初稿，我参与了初稿的批改。针对学生在访谈提纲中呈现的问题，我为他们做了“如何进行访谈”的讲座。我从访谈新手与研究问题、研究对象、访谈提问的分离以及访谈新手内心的分离这四个方面，分析了新手访谈者的困境并提出了改进困境的对策，借此指导他们设计访谈提纲。后来我和陶老师又多次手把手地修改学生的访谈提纲。最后同学们顺利访谈了二十位女翻译教授，并写出了访谈报告，汇编成这本《治学有道　育人无痕——翻译学女教授访谈录》出版。

同时，我也是这次课程项目的研究者。在辅导学生和批阅其访谈报告的过程中，我明显感受到他们访谈的心态、意识和能力都有了明显的进步。他们说："不再'惧怕'访谈""开始从主题出发，审视问题之间的逻辑关系和递进关系""开始超越表面的一问一答，进入访谈者的灵魂""开始在访谈中既注意维护与受访者的关系，又能不失时机地追问自己所研究的问题"。学生的改变促使我系统分析了访谈新手所面临的困境以及走出困境的对策，据此我和陶老师共同完成了学术论文《翻译教师研究中的访谈新手提纲设计问题与对策》，希望该文有助于更多的新手尽快掌握访谈法。

作为本书的编著者之一，我有幸最早读到书中二十位优秀女翻译教授的成长故事。这些故事促进我对翻译教师发展有了更深的认识。第一，翻译教师发展不仅仅是教师学习翻译技能和教学技能，而是翻译教师作为"人"的内在成长，即观念的变化，而观念变化很大程度上是教师个体与社会环境互动的结果。第二，教师对社会环境的回应方式决定了她们的成长方向和幅度。书中的女教授并不是天生的成功者，她们的优秀在于：身处平常的环境却生发超越环境的理想，并不断选择充满挑战和未知的道路，凭着追求卓越的精神，历练了能力，成就了自己。例如，求学时遇到优秀的导师，她们会把导师的品格和成果作为追求的标杆；在职场翻译实践中遇到挑战，她们会将之转化为新的教学理念和教学实践；在翻译研究视野扩大后，她们会将研究内容和方法转化为教学资源；当教学单位需要带领者和开拓者时，她们会迎难而上从而延展自己的专业发展格局。

作为一名翻译教师研究者，我很喜欢本书采用了教育叙事来揭示丰富多彩的翻译教育图景。教育是一种生活方式，甚至是一种日常的生活方式，而日常的事件和感受需要叙事的语言才能表达清楚。本书的叙事语言平易通俗，因此有助于普通读者理解翻译教师的成长，他们可以依据自己的经验和感受对受访者的教育叙事进行评价和共情，从而达到反思和改变自己的效果。

加西亚·马尔克斯曾说："生活不是我们活过的日子，而是我们记住的日子，被讲述的日子。"但愿有更多优秀的抑或平凡的翻译教师来讲述自己治学育人的生活，帮助我们超越规约性的翻译教师能力标准，走进一线教师的心灵世界，从而更好地理解"何为翻译教学""何为翻译教师"，不仅启发在"教"与"学"中求索的师生，也为未来的翻译教师培养提供理据。

最后，感谢陶友兰老师作为总设计师为这个课程项目注入灵魂，为本书出版付出巨大的辛劳和智慧！感谢她给予我参与听课、指导学生并进行相关研究的机会！也感谢学生们的求知热忱和不懈努力，激励我坚持参与指导访谈和修改报告的系列工作！该书的出版，将专家型教师、学生、教师培训师、教师研究者以及广大的读者聚集在一起，由此连接了翻译教育的过去、现在和将来，共同构建了教育的美善和希望。

祝愿读者们从本书中获得感动、启示和力量！

覃俐俐
于中央民族大学
2021 年 1 月 18 日